LOI

DU 5 AVRIL 1884

SUR

L'ORGANISATION MUNICIPALE

ACCOMPAGNÉE D'ANNOTATIONS EXTRAITES DE LA CIRCULAIRE
MINISTÉRIELLE DU 10 AVRIL 1884, ET D'UNE TABLE ALPHABÉTIQUE
DES MATIÈRES

PRIX : **75 centimes**

CHATILLON-SUR-SEINE

AUX BUREAUX DE L'*INDÉPENDANT*

ET CHEZ LES PRINCIPAUX LIBRAIRES ET PAPETIERS DE LA VILLE

1884

LOI

DU 5 AVRIL 1884

SUR

L'ORGANISATION MUNICIPALE

ACCOMPAGNÉE D'ANNOTATIONS EXTRAITES DE LA CIRCULAIRE
MINISTÉRIELLE DU 10 AVRIL 1884, ET D'UNE TABLE ALPHABÉTIQUE
DES MATIÈRES

PRIX : **75 centimes**

CHATILLON-SUR-SEINE

AUX BUREAUX DE L'*INDÉPENDANT*

ET CHEZ LES PRINCIPAUX LIBRAIRES ET PAPETIERS DE LA VILLE

1884

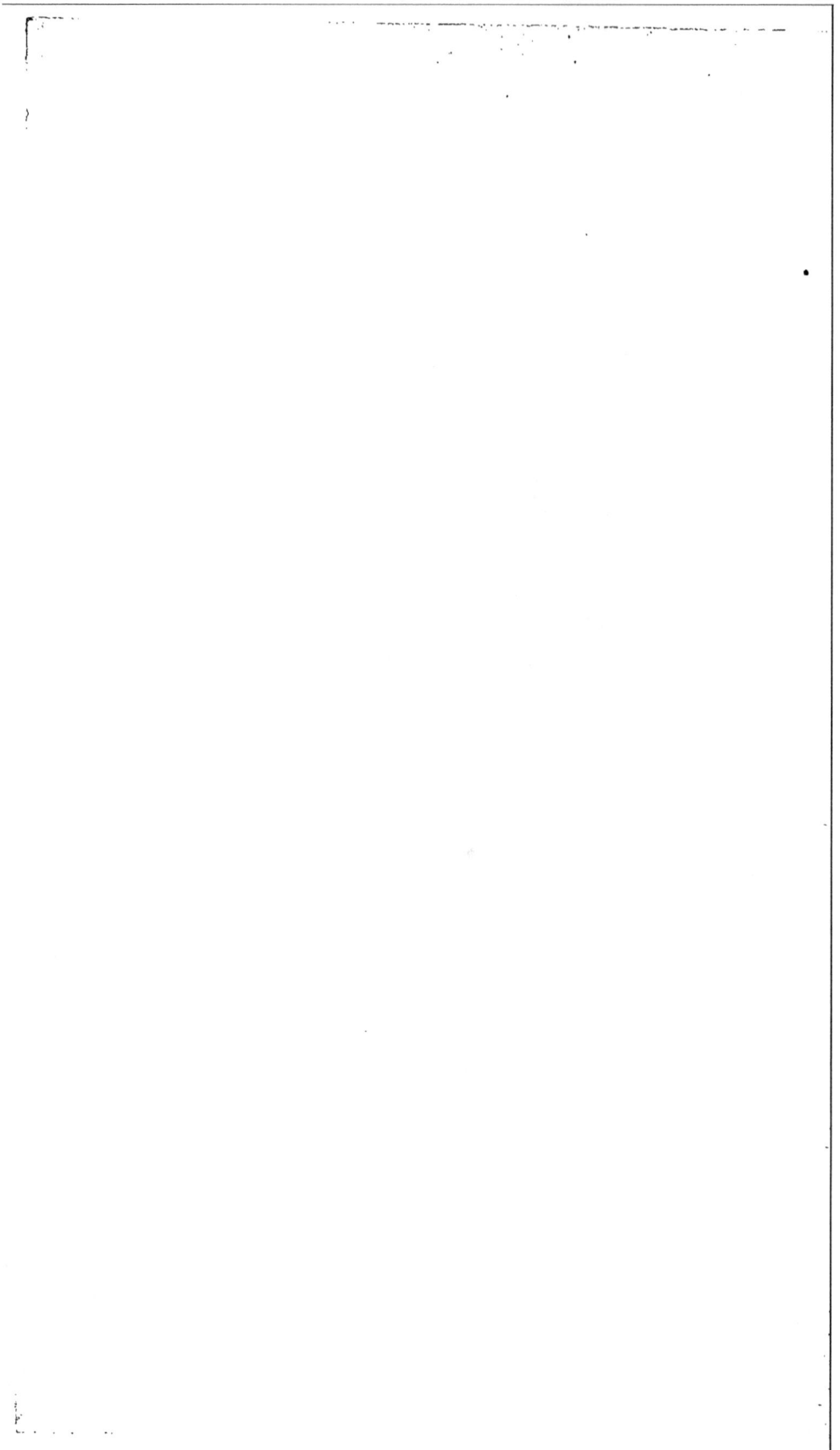

LOI

SUR L'ORGANISATION MUNICIPALE[1]

Le Sénat et la Chambre des Députés ont adopté,

Le Président de la République promulgue la loi dont la teneur suit :

TITRE Ier

Des Communes

Art. 1. — Le corps municipal de chaque commune se compose du conseil municipal, du maire et d'un ou de plusieurs adjoints.

Art. 2. — Le changement de nom d'une commune est décidé par décret du Président de la République, sur la demande du conseil municipal, le conseil général consulté et le conseil d'Etat entendu.

1. Les annotations placées au bas des pages sont empruntées à la circulaire du ministre de l'intérieur, en date du 10 avril 1884.

Art. 3. — Toutes les fois qu'il s'agit de transférer le chef-lieu d'une commune, de réunir plusieurs communes en une seule, ou de distraire une section d'une commune, soit pour la réunir à une autre, soit pour l'ériger en commune séparée, le préfet prescrit dans les communes intéressées une enquête sur le projet en lui-même et sur ses conditions.

Le préfet devra ordonner cette enquête lorsqu'il aura été saisi d'une demande à cet effet, soit par le conseil municipal de l'une des communes intéressées, soit par le tiers des électeurs inscrits de la commune ou de la section en question. Il pourra aussi l'ordonner d'office.

Après cette enquête, les conseils municipaux et les conseils d'arrondissement donnent leur avis, et la proposition est soumise au conseil général.

Art. 4. — Si le projet concerne une section de commune, un arrêté du préfet décidera la création d'une commission syndicale pour cette section, ou pour la section du chef-lieu, si les représentants de la première sont en majorité dans le conseil municipal, et déterminera le nombre des membres de cette commission.

Ils seront élus par les électeurs domiciliés dans la section.

La commission nomme son président. Elle donne son avis sur le projet.

Art. 5. — Il ne peut être procédé à l'érection d'une commune nouvelle qu'en vertu d'une loi, après avis du conseil général et le conseil d'Etat entendu.

Art. 6. — Les autres modifications à la circonscription territoriale des communes, les suppressions et les réunions de deux ou de plusieurs communes, la désignation des nouveaux chefs-lieux sont réglées de la manière suivante :

Si les changements proposés modifient la circonscription du département, d'un arrondissement ou d'un canton, il est statué par une loi, les conseils généraux et le conseil d'Etat entendus.

Dans tous les autres cas, il est statué par un décret rendu en conseil d'Etat, les conseils généraux entendus.

Néanmoins, le conseil général statue définitivement s'il approuve le projet, lorsque les communes ou sections sont situées dans le même canton et que la modification projetée réunit, quant au fond et quant aux conditions de la réalisation, l'adhésion des conseils municipaux et des commissions syndicales intéressés.

Art. 7. — La commune réunie à une autre commune conserve la propriété des biens qui lui appartenaient.

Les habitants de cette commune conservent la jouissance de ceux de ces mêmes biens dont les fruits sont perçus en nature.

Il en est de même de la section réunie à une autre commune pour les biens qui lui appartenaient exclusivement.

Les édifices et autres immeubles servant à un usage public, et situés sur le territoire de la commune ou de la section de commune réunie à une autre commune, ou de la section érigée en commune séparée, deviennent la propriété de la commune à laquelle est faite la réunion ou de la nouvelle commune.

Les actes qui prononcent des réunions ou des distractions de communes en déterminent expressément toutes les autres conditions.

En cas de division, la commune ou la section de commune réunie à une autre commune ou érigée en commune séparée reprend la pleine propriété de tous les biens qu'elle avait apportés.

Art. 8. — Les dénominations nouvelles qui résultent, soit d'un changement de chef-lieu, soit de la création d'une commune nouvelle, sont fixées par les autorités compétentes pour prendre ces décisions.

Art. 9. — Dans tous les cas de réunion ou de fractionnement de communes, les conseils municipaux sont dissous de plein droit. Il est procédé immédiatement à des élections nouvelles.

TITRE II

DeS conseils municipaux

CHAPITRR Ier. — *Formation des conseils municipaux*

Art. 10 — Le conseil municipal se compose de 10 membres dans les communes de 500 habitants et au-dessous (1).

Habitants

De 12 dans celles de	501	à	1.500
De 16	—	1.501	2.500
De 21	—	2.501	3.500
De 23	—	3.501	10.000
De 27	—	10.001	30.000
De 30	—	30.001	40.000
De 32	—	40.001	50.000
De 34	—	50.001	60.000
De 35		60.001 et au-dessus.	

Dans les villes divisées en plusieurs mairies, le nombre des conseillers sera augmenté de trois par mairie.

Art. 11. — L'élection des membres du conseil municipal a lieu au scrutin de liste pour toute la commune.

Néanmoins, la commune peut être divisée en sections électorales, dont chacune élit un nombre de conseillers proportionné au chiffre des électeurs inscrits, mais seulement dans les deux cas suivants :

1º Quand elle se compose de plusieurs agglomérations d'habitants distinctes et séparées ; dans ce cas, aucune section ne peut avoir moins de deux conseillers à élire ;

1. La population qui sert de base à ce calcul est la population municipale totale constatée par le dernier recensement officiel. (Décrets du 3 nov. 1881 et du 7 août 1882.)

2⁰ Quand la population agglomérée de la commune est supérieure à 10, 000 habitants. Dans ce cas, la section ne peut être formée de fractions de territoire appartenant à des cantons ou à des arrondissements municipaux différents. Les fractions de territoire ayant des biens propres ne peuvent être divisées entre plusieurs sections électorales.

Aucune de ces sections ne peut avoir moins de quatre conseillers à élire.

Dans tous les cas où le sectionnement est autorisé, chaque section doit être composée de territoires contigus.

Art. 12. — Le sectionnement est fait par le conseil général, sur l'initiative soit d'un de ses membres, soit du préfet, soit du conseil municipal ou d'électeurs de la commune intéressée.

Aucune décision en matière de sectionnement ne peut être prise qu'après avoir été demandée avant la session d'avril ou au cours de cette session au plus tard. Dans l'intervalle entre la session d'avril et la session d'août, une enquête est ouverte à la mairie de la commune intéressée, et le conseil municipal est consulté par les soins du préfet.

Chaque année, ces formalités étant observées, le conseil général, dans sa session d'août, prononce sur les projets dont il est saisi. Les sectionnements ainsi opérés subsistent jusqu'à une nouvelle décision. Le tableau de ces opérations est dressé chaque année par le conseil général dans sa session d'août. Ce tableau sert pour les élections intégrales à faire dans l'année.

Il est publié dans les communes intéressées, avant la convocation des électeurs, par les soins du préfet, qui détermine, d'après le chiffre des électeurs inscrits dans chaque section, le nombre des conseillers que la loi lui attribue.

Le sectionnement, adopté par le conseil général, sera représenté par un plan déposé à la préfecture et à la mairie de la commune intéressée. Tout électeur pourra le consulter et en prendre copie.

Avis de ce dernier dépôt sera donné aux intéressés par voie d'affiche à la porte de la mairie.

Dans les colonies régies par la présente loi, toute demande ou proposition de sectionnement doit être faite trois mois au moins avant l'ouverture de la session ordinaire du conseil général. Elle est instruite, par les soins du directeur de l'intérieur, dans les formes indiquées ci-dessus.

Les demandes et propositions, délibérations de conseils municipaux et procès-verbaux d'enquête sont remis au conseil général à l'ouverture de la session.

Art. 13. — Le préfet, peut, par arrêté spécial publié dix jours au moins à l'avance, diviser la commune en plusieurs bureaux de vote qui concourront à l'élection des mêmes conseillers.

Il sera délivré à chaque électeur une carte électorale. Cette carte indiquera le lieu où doit siéger le bureau où il devra voter (1).

Art. 14. — Les conseillers municipaux sont élus par le suffrage direct universel.

Sont électeurs tous les Français âgés de vingt et un ans accomplis, et n'étant dans aucun cas d'incapacité prévu par la loi.

La liste électorale comprend : 1º tous les électeurs qui ont leur domicile réel dans la commune ou y habitent depuis six mois au moins ; 2º ceux qui y auront été inscrits au rôle d'une des quatre contributions directes ou au rôle des prestations en nature, et, s'ils ne résident pas dans la commune, auront déclaré vouloir y exercer leurs droits électoraux. — Seront également inscrits, aux termes du présent paragraphe, les membres de la famille des mêmes électeurs compris dans la cote de la prestation en nature, alors même qu'ils n'y sont pas personnellement portés, et les habitants qui, en raison de leur âge ou de leur santé, auront cessé d'être soumis à cet impôt ; 3º ceux qui, en

1. Si la délivrance de cette carte est obligatoire pour le maire, la présentation ne l'est pas pour l'électeur qui peut être admis à voter s'il n'y a aucun doute sur son identité.

vertu de l'article 2 du traité du 10 mai 1871, ont opté pour la nationalité française et déclaré fixer leur résidence dans la commune, conformément à la loi du 19 juin 1871 ; 4° ceux qui sont assujettis à une résidence obligatoire dans la commune en qualité soit de ministres des cultes reconnus par l'Etat, soit de fonctionnaires publics (1).

Seront également inscrits les citoyens qui, ne remplissant pas les conditions d'âge et de résidence ci-dessus indiquées lors de la formation des listes, les rempliront avant la clôture définitive.

L'absence de la commune résultant du service militaire ne portera aucune atteinte aux règles ci-dessus édictées pour l'inscription sur les listes électorales.

Les dispositions concernant l'affichage, la libre distribution des bulletins, circulaires et professions de foi, les réunions publiques électorales, la communication des listes d'émargement, les pénalités et poursuites en matière législative, sont applicables aux élections municipales (2).

Sont également applicables aux élections municipales les paragraphes 3 et 4 de l'article 3 de la loi organique du 30 novembre 1875 sur les élections des députés.

Art. 15. — L'assemblée des électeurs est convoquée par arrêté du préfet.

---

1. Cet article a supprimé la liste spéciale des électeurs municipaux. Il n'y a plus à l'avenir qu'une liste unique.

2. Les circulaires et professions de foi des candidats peuvent être librement distribuées et affichées. (Loi du 29 juillet 1881.) — Le candidat n'a plus aujourd'hui aucun dépôt à effectuer. Seul l'imprimeur doit faire le dépôt administratif. — Aucune autorisation n'est nécessaire pour l'affichage. — Sont affranchies du timbre les affiches électorales d'un candidat contenant sa profession de foi, une circulaire signée de lui ou seulement son nom. Mais les affiches émanant d'un tiers, d'un ami qui voudrait soutenir la candidature de son choix, restent soumises au timbre.

Le colportage et la distribution accidentel (et tel est évidemment le caractère des distributions faites à l'occasion des élections, ne sont assujettis à aucune déclaration.

Les listes d'émargement doivent être communiquées à tout électeur requérant pendant la huitaine qui suit l'élection. (Loi du 30 nov. 1875 art. 5.)

L'arrêté de convocation est publié dans la commune, quinze jours au moins avant l'élection, qui doit toujours avoir lieu un dimanche. Il fixe le local où le scrutin sera ouvert, ainsi que les heures auxquelles il doit être ouvert et fermé (1).

Art. 16. — Lorsqu'il y aura lieu de remplacer des conseillers municipaux élus par des sections, conformément à l'article 11 de la présente loi, ces remplacements seront faits par les sections auxquelles appartiennent ces conseillers.

Art. 17. — Les bureaux de vote sont présidés par le maire, les adjoints, les conseillers municipaux, dans l'ordre du tableau, et, en cas d'empêchement, par des électeurs désignés par le maire.

Art. 18. — Le président a seul la police de l'assemblée. Cette assemblée ne peut s'occuper d'autres objets que de l'élection qui lui est attribuée. Toute discussion, toute délibération lui sont interdites.

Art. 19. — Les deux plus âgés et les deux plus jeunes des électeurs présents à l'ouverture de la séance, sachant lire et écrire, remplissent les fonctions d'assesseurs. Le secrétaire est désigné par le président et par les assesseurs. Dans les délibérations du bureau, il n'a que voix consultative. Trois membres du bureau, au moins, doivent être présents pendant tout le cours des opérations.

Art. 20. — Le scrutin ne dure qu'un jour.

Art. 21. — Le bureau juge provisoirement les difficultés qui s'élèvent sur les opérations de l'assemblée. Ses décisions sont motivées.

Toutes les réclamations et décisions sont insérées au procès-verbal ; les pièces et les bulletins qui s'y rapportent y sont annexés, après avoir été paraphés par le bureau.

Art. 22. — Pendant toute la durée des opérations, une copie de la liste des électeurs, certifiée par le maire, contenant les nom, domicile, qualification de chacun des ins-

1. Pour les élections du 4 mai 1884, l'arrêté doit être publié au plus tard le samedi 19 avril.

crits, reste déposée sur la table autour de laquelle siège le bureau.

Art. 23. — Nul ne peut être admis à voter s'il n'est inscrit sur cette liste.

Toutefois, seront admis à voter, quoique non inscrits, les électeurs porteurs d'une décision du juge de paix ordonnant leur inscription, ou d'un arrêt de la cour de cassation annulant un jugement qui aurait prononcé leur radiation.

Art. 24. — Nul électeur ne peut entrer dans l'assemblée porteur d'armes quelconques.

Art. 25. — Les électeurs apportent leurs bulletins préparés en dehors de l'assemblée.

Le papier du bulletin doit être blanc et sans signe extérieur.

L'électeur remet au président son bulletin fermé.

Le président le dépose dans la boîte du scrutin, laquelle doit, avant le commencement du vote, avoir été fermée à deux serrures, dont les clefs restent, l'une entre les mains du président, l'autre entre les mains de l'assesseur le plus âgé.

Le vote de chaque électeur est constaté sur la liste, en marge de son nom, par la signature, ou le paraphe avec initiales, de l'un des membres du bureau.

Art. 26. — Le président doit constater, au commencement de l'opération, l'heure à laquelle le scrutin est ouvert.

Le scrutin ne peut être fermé qu'après avoir été ouvert pendant six heures au moins.

Le président constate l'heure à laquelle il déclare le scrutin clos ; après cette déclaration, aucun vote ne peut être reçu.

Art. 27. — Après la clôture du scrutin, il est procédé au dépouillement de la manière suivante :

La boîte du scrutin est ouverte, et le nombre de bulletins vérifié.

Si ce nombre est plus grand ou moindre que celui des votants, il en est fait mention au procès-verbal.

Le bureau désigne parmi les électeurs présents un certain nombre de scrutateurs.

Le président et les membres du bureau surveillent l'opération du dépouillement.

Ils peuvent y procéder eux-mêmes, s'il y a moins de 300 votants.

Art. 28. — Les bulletins sont valables bien qu'ils portent plus ou moins de noms qu'il n'y a de conseillers à élire.

Les derniers noms inscrits au delà de ce nombre ne sont pas comptés.

Les bulletins blancs ou illisibles, ceux qui ne contiennent pas une désignation suffisante, ou dans lesquels les votants se font connaître, n'entrent pas en compte dans le résultat du dépouillement, mais ils sont annexés au procès-verbal.

Art. 29. — Immédiatement après le dépouillement, le président proclame le résultat du scrutin.

Le procès-verbal des opérations est dressé par le secrétaire; il est signé par lui et les autres membres du bureau. Une copie, également signée du secrétaire et des membres du bureau, en est aussitôt envoyée, par l'intermédiaire du sous-préfet, au préfet, qui en constate la reception sur un registre et en donne récépissé. Extrait en est immédiatement affiché par les soins du maire.

Les bulletins autres que ceux qui doivent être annexés au procès-verbal sont brûlés en présence des électeurs.

Art. 30. — Nul n'est élu au premier tour de scrutin s'il n'a réuni : 1º la majorité absolue des suffrages exprimé ; 2º un nombre de suffrages égal au quart de celui des électeurs inscrits. Au deuxième tour de scrutin, l'élection a lieu à la majorité relative, quel que soit le nombre des votants. Si plusieurs candidats obtiennent le même nombre de suffrages, l'élection est acquise au plus âgé.

En cas de deuxième tour de scrutin, l'assemblée est de droit convoquée pour le dimanche suivant. Le maire fait les publications nécessaires.

Art. 31. — Sont éligibles au conseil municipal, sauf les restrictions portées au dernier paragraphe du présent article et aux deux articles suivants, tous les électeurs de la commune et les citoyens inscrits au rôle des contributions directes ou justifiant qu'ils devaient y être inscrits au 1er janvier de l'année de l'élection, âgés de vingt-cinq ans accomplis.

Toutefois, le nombre des conseillers qui ne résident pas dans la commune au moment de l'élection ne peut excéder le quart des membres du conseil. S'il dépasse ce chiffre, la préférence est déterminée suivant les règles posées à l'article 49.

Ne sont pas éligibles, les militaires et employés des armées de terre et de mer en activité de service.

Art. 32. — Ne peuvent être conseillers municipaux :

1° Les individus privés du droit électoral ;

2° Ceux qui sont pourvus d'un conseil judiciaire ;

3° Ceux qui sont dispensés de subvenir aux charges communales et ceux qui sont secourus par les bureaux de bienfaisance ;

4° Les domestiques attachés exclusivement à la personne.

Art. 33. — Ne sont pas éligibles dans le ressort où ils exercent leurs fonctions :

1° Les préfets, sous-préfets, secrétaires généraux, conseillers de préfecture ; et, dans les colonies régies par la présente loi, les gouverneurs, directeurs de l'intérieur et les membres du conseil privé ;

2° Les commissaires et les agents de police ;

3° Les magistrats des cours d'appel et des tribunaux de première instance, à l'exception des juges suppléants auxquels l'instruction n'est pas confiée ;

4° Les juges de paix titulaires ;

5° Les comptables des deniers communaux et les entrepreneurs de services municipaux (1) ;

6° Les instituteurs publics ;

7° Les employés de préfecture et de sous-préfecture ;

8° Les ingénieurs et les conducteurs des ponts et chaus-

---

1. Mais les fermiers de biens communaux sont éligibles.

sées, chargés du service de la voirie urbaine et vicinale, et les agents voyers ;

9° Les ministres en exercice d'un culte légalement reconnu ;

10° Les agents salariés de la commune, parmi lesquels ne sont pas compris ceux qui, étant fonctionnaires publics ou exerçant une profession indépendante, ne reçoivent une indemnité de la commune qu'à raison des services qu'ils lui rendent dans l'exercice de cette profession (1).

Art. 34. — Les fonctions de conseiller municipal sont incompatibles avec celles :

1° De préfet, de sous-préfet et de secrétaire général de préfecture ;

2° De commissaire et d'agent de police ;

3° De gouverneur, directeur de l'intérieur et de membre du conseil privé dans les colonies.

Les fonctionnaires désignés au présent article qui seraient élus membres d'un conseil municipal auront, à partir de la proclamation du résultat du scrutin, un délai de dix jours pour opter entre l'acceptation du mandat et la conservation de leur emploi. A défaut de déclaration adressée dans ce délai à leurs supérieurs hiérarchiques, ils seront réputés avoir opté pour la conservation dudit emploi.

Art. 35. — Nul ne peut être membre de plusieurs conseils municipaux.

Un délai de dix jours, à partir de la proclamation du résultat du scrutin, est accordé au conseiller municipal nommé dans plusieurs communes pour faire sa déclaration d'option. Cette déclaration est adressée aux préfets des départements intéressés.

Si, dans ce délai, le conseiller élu n'a pas fait connaître son option, il fait partie de droit du conseil de la commune où le nombre des électeurs est le moins élevé.

_____

1. Ainsi sont éligibles les médecins, notaires, avocats, avoués, architectes, et autres personnes qui prêtent moyennant les honoraires d'usage leur concours aux communes.

Dans les communes de 501 habitants et au-dessus, les ascendants et les descendants, les frères et les alliés au même degré ne peuvent être simultanément membres du même conseil municipal (1).

L'article 49 est applicable aux cas prévus par le paragraphe précédent.

Art. 36. — Tout conseiller municipal qui, pour une cause survenue postérieurement à sa nomination, se trouve dans un des cas d'exclusion ou d'incompatibilité prévus par la présente loi, est immédiatement déclaré démissionnaire par le préfet, sauf réclamation au conseil de préfecture dans les dix jours de la notification, et sauf recours au conseil d'Etat, conformément aux articles 38, 39 et 40 ci-après.

Art. 37. — Tout électeur et tout éligible a le droit d'arguer de nullité les opérations électorales de la commune (2)

Les réclamations doivent être consignées au procès-verbal, sinon être déposées, à peine de nullité, dans les cinq jours qui suivent le jour de l'élection, au secrétariat de la mairie, ou à la sous-préfecture, ou à la préfecture. Elles sont immédiatement adressées au préfet, et enregistrées par ses soins au greffe du conseil de préfecture.

Le préfet, s'il estime que les conditions et les formes légalement prescrites n'ont pas été remplies, peut également, dans le délai de quinzaine à dater de la réception du procès-verbal, déférer les opérations électorales au conseil de préfecture.

Dans l'un et l'autre cas, le préfet donne immédiatement connaissance de la réclamation, par la voie administrative, aux conseillers dont l'élection est contestée, les prévenant qu'ils ont cinq jours, pour tout délai, à l'effet de déposer

1. Le bureau électoral n'a pas mission de statuer sur l'éligibilité des candidats. Il peut insérer au procès-verbal les causes qui, dans sa pensée, devraient faire annuler l'élection ; mais cette insertion ou protestation ne fait pas obstacle à la proclamation des candidats qui ont réuni la majorité légale.

2. Le droit de réclamation s'applique même aux éligibles qui ne sont pas électeurs, c'est-à-dire aux contribuables âgés de plus de 25 ans.

leurs défenses au secrétariat de la mairie, de la sous-préfecture ou de la préfecture, et de faire connaître s'ils entendent user du droit de présenter des observations orales (1).

Il est donné récépissé, soit des réclamations, soit des défenses (2).

Art. 38. — Le conseil de préfecture statue, sauf recours au conseil d'Etat.

Il prononce sa décision dans le délai d'un mois à compter de l'enregistrement des pièces au greffe de la préfecture, et le préfet la fait notifier dans la huitaine de sa date. En cas de renouvellement général, le délai est porté à deux mois.

S'il intervient une décision ordonnant une preuve, le conseil de préfecture doit statuer définitivement dans le mois à partir de cette décision.

Les délais ci-dessus fixés ne commencent à courir, dans le cas prévu à l'article 39, que du jour où le jugement sur la question préjudicielle est devenu définitif.

Faute par le conseil d'avoir statué dans les délais ci-dessus fixés, la réclamation est considérée comme rejetée. Le conseil de préfecture est dessaisi ; le préfet en informe la partie intéressée, qui peut porter sa réclamation devant le conseil d'Etat. Le recours est notifié dans les cinq jours au secrétariat de la préfecture par le requérant.

Art. 39. — Dans tous les cas où une réclamation, formée en vertu de la présente loi, implique la solution préjudicielle d'une question d'Etat, le conseil de préfecture renvoie les parties à se pourvoir devant les juges compétents, et la partie doit justifier de ses diligences dans le délai de quinzaine ; à défaut de cette justification, il sera passé outre, et la décision du conseil de préfecture devra

1. La notification que le préfet est chargé de faire aux intéressés consistera, autant que possible, dans la remise d'une copie certifiée de la protestation.

2. Le récépissé est donné par le fonctionnaire (maire, sous-préfet, ou préfet) qui reçoit, soit les protestations, soit les mémoires en défense.

intervenir dans le mois à partir de l'expiration de ce delai de quinzaine.

Art. 40. — Le recours au conseil d'Etat contre la décision du conseil de préfecture est ouvert soit au préfet, soit aux parties intéressées.

Il doit, à peine de nullité, être déposé au secrétariat de la sous-préfecture ou de la préfecture, dans le délai d'un mois qui court, à l'encontre du préfet, à partir de la décision, et à l'encontre des parties à partir de la notification qui leur est faite.

Le préfet donne immédiatement, par la voie administrative, connaissance du recours aux parties intéressées, en les prévenant qu'elles ont quinze jours, pour tout délai, à l'effet de déposer leurs défenses au secrétariat de la sous-préfecture ou de la préfecture.

Aussitôt ce nouveau délai expiré, le préfet transmet au ministre de l'intérieur, qui les adresse au conseil d'Etat, le recours, les défenses, s'il y a lieu, le procès-verbal des opérations électorales, la liste qui a servi aux émargements, une expédition de l'arrêté attaqué et toutes les autres pièces visées dans ledit arrêté : il y joint son avis motivé.

Les délais pour la constitution d'un avocat et pour la communication au ministre de l'intérieur sont d'un mois pour chacune de ces opérations, et de trois mois en ce qui concerne les colonies,

Le pourvoi est jugé comme affaire urgente et sans frais, et dispensé du timbre et du ministère de l'avocat.

Les conseillers municipaux proclamés restent en fonctions jusqu'à ce qu'il ait été définitivement statué sur les réclamations.

Dans le cas où l'annulation de tout ou partie des élections est devenue définitive, l'assemblée des électeurs est convoquée dans un délai qui ne peut excéder deux mois.

Art. 41. — Les conseils municipaux sont nommés pour quatre ans. Ils sont renouvelés intégralement, le premier dimanche de mai, dans toute la France, lors même qu'ils ont été élus dans l'intervalle.

Art. 42. — Lorsque le conseil municipal se trouve, par l'effet des vacances survenues, réduit aux trois quarts de ses membres, il est, dans le délai de deux mois, à dater de la dernière vacance, procédé à des élections complémentaires.

Toutefois, dans les six mois qui précèdent le renouvellement intégral, les élections complémentaires ne sont obligatoires qu'au cas où le conseil municipal aurait perdu plus de la moitié de ses membres.

Dans les communes divisées en sections, il y a toujours lieu à faire des élections partielles, quand la section a perdu la moitié de ses conseillers.

Art. 43. — Un conseil municipal ne peut être dissous que par décret motivé du Président de la République, rendu en conseil des ministres et publié au *Journal officiel*, et, dans les colonies régies par la présente loi, par arrêté du gouverneur en conseil privé, inséré au *Journal officiel de la colonie*.

S'il y a urgence, il peut être provisoirement suspendu par arrêté motivé du préfet, qui doit en rendre compte immédiatement au ministre de l'intérieur. La durée de la suspension ne peut excéder un mois. Dans les colonies ci-dessus spécifiées, le conseil municipal peut être suspendu par arrêté motivé du gouverneur. La durée de la suspension ne peut excéder un mois.

Le gouverneur rend compte immédiatement de sa décision au ministre de la marine et des colonies.

Art. 44. — En cas de dissolution d'un conseil municipal ou de démission de tous ses membres en exercice, et lorsqu'un conseil municipal ne peut être constitué, une délégation spéciale en remplit les fonctions.

Dans les huit jours qui suivent la dissolution ou l'acceptation de la démission, cette délégation spéciale est nommée par décret du Président de la République, et, dans les colonies, par arrêté du gouverneur.

Le nombre des membres qui la composent est fixé à trois dans les communes où la population ne dépasse pas 35,000 habitants. Ce nombre peut être porté jusqu'à sept dans les villes d'une population supérieure.

Le décret ou l'arrêté qui l'institue en nomme le président, et, au besoin, le vice-président.

Les pouvoirs de cette délégation spéciale sont limités aux actes de pure administration conservatoire et urgente. En aucun cas il ne lui est permis d'engager les finances municipales au delà des ressources disponibles de l'exercice courant. Elle ne peut ni préparer le budget communal, ni recevoir les comptes du maire ou du receveur, ni modifier le personnel ou le régime de l'enseignement public.

Art. 45. — Toutes les fois que le conseil municipal a été dissous, ou que, par application de l'article précédent, une délégation spéciale a été nommée, il est procédé à la réélection du conseil municipal dans les deux mois, à dater de la dissolution ou de la dernière démission.

Les fonctions de la délégation spéciale expirent de plein droit dès que le conseil municipal est reconstitué.

CHAPITRE II.— *Fonctionnement des conseils municipaux.*

Art. 46. — Les conseils municipaux se réunissent en session ordinaire quatre fois l'année : en février, mai, août et novembre.

La durée de chaque session est de quinze jours ; elle peut être prolongée avec l'autorisation du sous-préfet.

La session pendant laquelle le budget est discuté peut durer six semaines.

Pendant les sessions ordinaires, le conseil municipal peut s'occuper de toutes les matières qui rentrent dans ses attributions.

Art. 47. — Le préfet ou le sous-préfet peut prescrire la convocation extraordinaire du conseil municipal. Le maire peut également réunir le conseil municipal chaque

2

fois qu'il le juge utile. Il est tenu de le convoquer quand
une demande motivée lui en est faite par la majorité en
exercice du conseil municipal. Dans l'un et l'autre cas, en
même temps qu'il convoque le conseil, il donne avis au
préfet ou au sous-préfet de cette réunion et des motifs
qui la rendent nécessaire.

La convocation contient alors l'indication des objets
spéciaux et déterminés pour lesquels le conseil doit s'as-
sembler, et le conseil ne peut s'occuper que de ces objets.

Art. 48. — Toute convocation est faite par le maire.
Elle est mentionnée au registre des délibérations, affichée
à la porte de la mairie et adressée par écrit et à domicile,
trois jours francs au moins avant celui de la réunion (1).

En cas d'urgence, le délai peut être abrégé par le préfet
ou le sous-préfet.

Art. 49. — Les conseillers municipaux prennent rang
dans l'ordre du tableau.

L'ordre du tableau est déterminé, même quand il y a
des sections électorales : 1º par la date la plus ancienne
des nominations ; 2º entre conseillers élus le même jour,
par le plus grand nombre de suffrages obtenus ; 3º et, à
égalité de voix, par la priorité d'âge.

Un double du tableau reste déposé dans les bureaux de la
mairie, de la sous-préfecture et de la préfecture, où chacun
peut en prendre communication ou copie.

Art. 5o. — Le conseil municipal ne peut délibérer que
lorsque la majorité de ses membres en exercice assiste à la
séance.

Quand, après deux convocations successives, à trois
jours au moins d'intervalle et dûment constatées, le conseil
municipal ne s'est pas réuni en nombre suffisant, la délibération prise après la troisième convocation est valable,
quel que soit le nombre des membres présents.

---

1. Voir art. 77. Le conseil municipal devra être convoqué alors même
que les opérations électorales seraient l'objet d'une protestation. En
effet, tout membre d'un corps électif exerce, aussitôt après son élection
et tant qu'elle n'a point été invalidée, tous les droits que les lois con-
fèrent aux membres de ce corps.

Art. 51. — Les délibérations sont prises à la majorité absolue des votants. En cas de partage, sauf le cas de scrutin secret, la voix du président est prépondérante. Le vote a lieu au scrutin public sur la demande du quart des membres présents ; les noms des votants, avec la désignation de leurs votes, sont insérés au procès-verbal.

Il est voté au scrutin secret toutes les fois que·le tiers des membres présents le réclame ou qu'il s'agit de procéder à une nomination ou présentation.

Dans ces derniers cas, après deux tours de scrutin secret, si aucun des candidats n'a obtenu la majorité absolue, il est procédé à un troisième tour de scrutin, et l'élection a lieu à la majorité relative ; à égalité de voix, l'élection est acquise au plus âgé.

Art. 52. — Le maire, et à défaut celui qui le remplace, préside le conseil municipal.

Dans les séances où les comptes d'administration du maire sont débattus, le conseil municipal élit son président.

Dans ce cas, le maire peut, même quand il ne serait plus en fonction, assister à la discussion ; mais il doit se retirer au moment du vote. Le président adresse directement la délibération au sous-préfet.

Art. 53. — Au début de chaque session et pour sa durée, le conseil municipal nomme un ou plusieurs de ses membres pour remplir les fonctions de secrétaire.

Il peut leur adjoindre des auxiliaires pris en dehors de ses membres qui assisteront aux séances, mais sans participer aux délibérations.

Art. 54. — Les séances des conseils municipaux sont publiques. (1) Néanmoins, sur la demande de trois membres ou du maire, le conseil municipal, par assis et levé sans débats, décide s'il se formera en comité secret.

Art. 55. — Le maire a seul la police de l'assemblée. Il peut faire expulser de l'auditoire ou arrêter tout individu

---

1. Aucune exception n'est faite pour la séance dans laquelle sont élus le maire et les adjoints. Le public sera donc admis à y assister.

qui trouble l'ordre. En cas de crime ou délit, il en dresse un procès-verbal et le procureur de la République en est immédiatement saisi (1).

Art. 56. — Le compte rendu de la séance est, dans la huitaine, affiché par extrait à la porte de la mairie,

Art. 57. — Les délibérations sont inscrites par ordre de date sur un registre coté et paraphé par le préfet ou le sous-préfet.

Elles sont signées par tous les membres présents à la séance, ou mention est faite de la cause qui les a empêchés de signer.

Art. 58. — Tont habitant ou contribuable a le droit de demander communication sans déplacement, de prendre copie totale ou partielle des procès-verbaux du conseil municipal, des budgets et des comptes de la commune, des arrêtés municipaux.

Chacun peut les publier sous sa responsabilité.

Art. 59. — Le conseil municipal peut former, au cours de chaque session, des commissions chargées d'étudier les questions soumises au conseil soit par l'administration, soit par l'initiative d'un de ses membres.

Les commissions peuvent tenir leurs séances dans l'intervalle des sessions.

Elles sont convoquées par le maire, qui en est le président de droit, dans les huit jours qui suivent leur nomination, ou à plus bref délai sur la demande de la majorité des membres qui les composent. Dans cette première réunion, les commissions désignent un vice-président qui peut les convoquer et les présider, si le maire est absent ou empêché.

Art. 60. — Tout membre du conseil municipal qui, sans motifs reconnus légitimes par le conseil, a manqué à trois convocations successives, peut être, après avoir été admis à fournir ses explications, déclaré démissionnaire

---

1. Il appartient au maire de prendre les dispositions nécessaires pour que le public admis dans la salle ne se mêle pas aux membres du conseil.

par le préfet, sauf recours, dans les dix jours de la notification, devant le conseil de préfecture.

Les démissions sont adressées au sous-préfet ; elles sont définitives à partir de l'accusé de réception par le préfet, et, à défaut de cet accusé de réception, un mois après un nouvel envoi de la démission constaté par lettre recommandée.

CHAPITRE III. - - *Attributions des conseils municipaux.*

Art. 61. — Le conseil municipal règle par ses délibérations les affaires de la commune.

Il donne son avis toutes les fois que cet avis est requis par les lois et règlements, ou qu'il est demandé par l'administration supérieure.

Il réclame, s'il y a lieu, contre le contingent assigné à la commune dans l'établissement des impôts de répartition.

Il émet des vœux sur tous les objets d'intérêt local.

Il dresse chaque année une liste contenant un nombre double de celui des répartiteurs et des répartiteurs suppléants à nommer ; et, sur cette liste, le sous-préfet nomme les cinq répartiteurs visés dans l'article 9 de la loi du 3 frimaire an VII et les cinq répartiteurs suppléants.

Art. 62. — Expédition de toute délibération est adressée, dans la huitaine, par le maire au sous-préfet, qui en constate la réception sur un registre et en délivre immédiatement récépissé.

Art. 63. — Sont nulles de plein droit :

1º Les délibérations d'un conseil municipal portant sur un objet étranger à ses attributions ou prises hors de sa réunion légale ;

2º Les délibérations prises en violation d'une loi ou d'un règlement d'administration publique.

Art. 64. — Sont annulables les délibérations auxquelles

auraient pris part des membres du conseil intéressés, soit en leur nom personnel, soit comme mandataires, à l'affaire qui en a fait l'objet.

Art. 65. — La nullité de droit est déclarée par le préfet en conseil de préfecture. Elle peut être prononcée par le préfet, et proposée ou opposée par les parties intéressées, à toute époque.

Art. 66. — L'annulation est prononcée par le préfet en conseil de préfecture.

Elle peut être provoquée d'office par le préfet dans un délai de trente jours à partir du dépôt dn procès-verbal de la délibération à la sous-préfecture ou à la préfecture.

Elle peut aussi être demandée par toute personne intéressée et par tout contribuable de la commune.

Dans ce dernier cas, la demande en annulation doit être déposée, à peine de déchéance, à la sous-préfecture, ou à la préfecture, dans un délai de quinze jours à partir de l'affichage à la porte de la mairie.

Il en est donné récépissé.

Le préfet statuera dans le délai d'un mois.

Passé le délai de quinze jours sans qu'aucune demande ait été produite, le préfet peut déclarer qu'il ne s'oppose pas à la délibération.

Art. 67. — Le conseil municipal et, en dehors du conseil, toute partie intéressée peut se pourvoir contre l'arrêté du préfet devant le conseil d'Etat. Le pourvoi est introduit et jugé dans les formes du recours pour excès de pouvoir.

Art. 68. — Ne sont exécutoires qu'après avoir été approuvées par l'autorité supérieure les délibérations portant sur les objets suivants :

1º Les conditions des baux dont la durée dépasse dix-huit ans ;

2º Les aliénations et échanges de propriétés communales ;

3º Les acquisitions d'immeubles, les constructions nouvelles, les reconstructions entières ou partielles, les projets, plans et devis des grosses réparations et d'entretien, quand la dépense totalisée avec les dépenses de même na-

ture pendant l'exercice courant dépasse les limites des ressources ordinaires et extraordinaires que les communes
peuvent se créer sans autorisation spéciale ;

4º Les transactions ;

5º Le changement d'affectation d'une propriété communale déjà affectée à un service public ;

6º La vaine pâture ;

7º Le classement, le déclassement, le redressement ou le
prolongement, l'élargissement, la suppression, la dénomi-
nation des rues et places publiques, la création et la suppression des promenades, squares ou jardins publics,
champs de foire, de tir ou de course, l'établissement des
plans d'alignement et de nivellement des voies publiques
municipales, les modifications à des plans d'alignement
adoptés, le tarif des droits de voirie, le tarif des droits de
stationnement et de location sur les dépendances de la
grande voirie, et, généralement, les tarifs des droits divers
à percevoir au profit des communes en vertu de l'article 133
de la présente loi.

8º L'acceptation des dons et legs faits à la commune
lorsqu'il y a des charges ou conditions, ou lorsqu'ils donnent lieu à des réclamations des familles ;

9º Le budget communal ;

10º Les crédits supplémentaires ;

11º Les contributions extraordinaires et les emprunts,
sauf dans le cas prévu par l'article 141 de la présente
loi ;

12º Les octrois dans les cas prévus aux articles 137 et
138 de la présente loi ;

13º L'établissement, la suppression ou les changements
des foires et marchés autres que les simples marchés d'ap-
provisionnement.

Les délibérations qui ne sont pas soumises à l'approbation préfectorale ne deviendront néanmoins exécutoires
qu'un mois après le dépôt qui aura été fait à la préfecture
ou à la sous-préfecture. Le préfet pourra, par un arrêté,
abréger ce délai.

Art. 69. — Les délibérations des conseils municipaux

sur les objets énoncés à l'article précédent sont exécutoires, sur l'approbation du préfet, sauf les cas où l'approbation par le ministre compétent, par le conseil général, par la commission départementale, par un décret ou par une loi, est prescrite par les lois et règlements.

Le préfet statue en conseil de préfecture dans les cas prévus aux n°s 1, 2, 4, 6, de l'article précédent.

Lorsque le préfet refuse son approbation ou qu'il n'a pas fait connaître sa décision dans un délai d'un mois à partir de la date du récépissé, le conseil municipal peut se pourvoir devant le ministre de l'intérieur.

Art. 70. — Le conseil municipal est toujours appelé à donner son avis sur les objets suivants :

1º Les circonscriptions relatives aux cultes ;

2º Les circonscriptions relatives à la distribution des secours publics ;

3º Les projets d'alignement et de nivellement de grande voirie dans l'intérieur des villes, bourgs et villages ;

4º La création des bureaux de bienfaisance ;

5º Les budgets et les comptes des hospices, hôpitaux et autres établissements de charité et de bienfaisance, des fabriques et autres administrations préposées aux cultes dont les ministres sont salariés par l'État ; les autorisations d'acquérir, d'aliéner, d'emprunter, d'échanger, de plaider ou de transiger, demandées par les mêmes établissements : l'acceptation des dons et legs qui leur sont faits ;

6º Enfin, tous les objets sur lesquels les conseils municipaux sont appelés par les lois et règlements à donner leur avis, et ceux sur lesquels ils seront consultés par le préfet.

Lorsque le conseil municipal, à ce régulièrement requis et convoqué, refuse ou néglige de donner son avis, il peut être passé outre.

Art. 71. — Le conseil municipal délibère sur les comptes d'administration qui lui sont annuellement présentés par le maire, conformément à l'article 151 de la présente loi.

Il entend, débat et arrête les comptes de deniers des receveurs, sauf règlement définitif, conformément à l'article 157 de la présente loi.

Art. 72. — Il est interdit à tout conseil municipal soit de publier des proclamations et adresses, soit d'émettre des vœux politiques, soit, hors les cas prévus par la loi, de se mettre en communication avec un ou plusieurs conseils municipaux.

La nullité des actes et des délibérations prises en violation de cet article est prononcée dans les formes indiquées aux articles 63 et 65 de la présente loi.

TITRE III

Des maires et des adjoints

Art. 73. — Il y a dans chaque commune un maire et un ou plusieurs adjoints élus parmi les membres du conseil municipal.

Le nombre des adjoints est d'un dans les communes de 2,500 habitants et au-dessous, de deux dans celles de 2,501 à 10,000. Dans les communes d'une population supérieure, il y aura un adjoint de plus par chaque excédent de 25,000 habitants, sans que le nombre des adjoints puisse dépasser douze, sauf en ce qui concerne la ville de Lyon, où le nombre des adjoints sera porté à dix-sept.

La ville de Lyon continue à être divisée en six arrondissements municipaux. Le maire délègue spécialement deux de ses adjoints dans chacun de ces arrondissements. Ils sont chargés de la tenue des registres de l'état civil et des autres attributions déterminées par le règlement d'administration publique du 11 juin 1881, rendu en exécution de la loi du 21 avril 1881.

Art. 74. — Les fonctions de maires, adjoints, conseillers municipaux sont gratuites. Elles donnent seulement droit au remboursement des frais que nécessite l'exécution des mandats spéciaux. Les conseils municipaux peuvent voter, sur les ressources ordinaires de la commune, des indemnités aux maires pour frais de représentation.

Art. 75. — Lorsqu'un obstacle quelconque ou l'éloignement rend difficiles, dangereuses ou momentanément impossibles les communications entre le chef-lieu et une fraction de commune, un poste d'adjoint spécial peut être institué, sur la demande du conseil municipal, par un décret rendu en conseil d'Etat.

Cet adjoint, élu par le conseil, est pris parmi les conseillers et, à défaut d'un conseiller résidant dans cette fraction de commune, ou, s'il est empêché, parmi les habitants de la fraction. Il remplit les fonctions d'officier de l'état civil, et il peut être chargé de l'exécution des lois et des règlements de police dans cette partie de la commune. Il n'a pas d'autres attributions.

Art. 76. — Le conseil municipal élit le maire et les adjoints parmi ses membres au scrutin secret et à la majorité absolue (1).

Si, après deux tours de scrutin, aucun candidat n'a obtenu la majorité absolue, il est procédé à un troisième tour de scrutin et l'élection a lieu à la majorité relative. En cas d'égalité de suffrages, le plus âgé est déclaré élu (2).

Art. 77. — La séance dans laquelle il est procédé à l'élection du maire est présidée par le plus âgé des membres du conseil municipal (3).

Pour toute élection du maire ou des adjoints, les membres du conseil municipal sont convoqués dans les formes et délais prévus par l'article 48 ; la convocation contiendra

1. La majorité absolue se calcule sur le nombre des suffrages exprimés, et par conséquent, déduction faite des bulletins blancs, ou ne contenant pas de désignation suffisante, ou dans lesquels les votants se seraient fait connaître. (Conseil d'État, 28 avril 1877.)

2. Au troisième tour de scrutin, le choix des votants peut se porter même sur un candidat qui n'aurait pas réuni de suffrages aux deux premiers tours. — Il ne devra jamais être procédé à un quatrième tour.

L'art. 57 est applicable au procès-verbal de l'élection du maire et des adjoints.

3. L'art. 50 est applicable à la réunion du conseil municipal qui a pour objet la nomination du maire.

la mention spéciale de l'élection à laquelle il devra être procédé (1).

Avant cette convocation, il sera procédé aux élections qui pourraient être nécessaires pour compléter le conseil municipal. Si, après les élections complémentaires, de nouvelles vacances se produisent, le conseil municipal procédera néanmoins à l'élection du maire et des adjoints, à moins qu'il ne soit réduit aux trois quarts de ses membres. En ce cas, il y aura lieu de recourir à de nouvelles élections complémentaires. Il y sera procédé dans le délai d'un mois, à dater de la dernière vacance.

Art. 78. — Les nominations sont rendues publiques dans les vingt-quatre heures de leur date, par voie d'affiche à la porte de la mairie. Elles sont, dans le même délai, notifiées au sous-préfet.

Art. 79. — L'élection du maire et des adjoints peut être arguée de nullité dans les conditions, formes et délais prescrits pour les réclamations contre les élections du conseil municipal. Le délai de cinq jours court à partir de vingt-quatre heures après l'élection (2).

Lorsque l'élection est annulée ou que, pour toute autre cause, le maire ou les adjoints ont cessé leurs fonctions, le conseil, s'il est au complet, est convoqué pour procéder au remplacement dans le délai de quinzaine.

S'il y a lieu de compléter le conseil, il sera procédé aux élections complémentaires dans la quinzaine de la vacance, et le nouveau maire sera élu dans la quinzaine qui suivra. Si, après les élections complémentaires, de nouvelles vacances se produisent, l'article 77 sera applicable.

Art. 80. — Ne peuvent être maires ou adjoints ni en exercer même temporairement les fonctions :

Les agents et employés des administrations financières, les trésoriers-payeurs généraux, les receveurs particuliers

---

1. Pour l'élection des adjoints, c'est le maire élu qui devra prendre la présidence : cela a été déclaré expressément dans la discussion au sénat, séance du 9 févr. 1884.

2. Tout conseiller municipal et tout électeur a le droit d'arguer de nullité les opérations électorales. Cela résulte de l'art. 37, applicable ici.

et les percepteurs ; les agents des forêts, ceux des postes et des télégraphes, ainsi que les gardes des établissements publics et des particuliers.

Les agents salariés du maire ne peuvent être adjoints.

Art. 81. — Les maires et adjoints sont nommés pour la même durée que le conseil municipal.

Ils continuent l'exercice de leurs fonctions, sauf les dispositions des articles 80, 86, 87 de la présente loi, jusqu'à l'installation de leurs successeurs.

Toutefois, en cas de renouvellement intégral, les fonctions de maire et d'adjoints sont, à partir de l'installation du nouveau conseil jusqu'à l'élection du maire, exercées par les conseillers municipaux dans l'ordre du tableau.

Art. 82. — Le maire est seul chargé de l'administration ; mais il peut, sous sa surveillance et sa responsabilité, déléguer par arrêté une partie de ses fonctions à un ou plusieurs de ses adjoints, et, en l'absence ou en cas d'empêchement des adjoints, à des membres du conseil municipal.

Ces délégations subsistent tant qu'elles ne sont pas rapportées.

Art. 83. — Dans les cas où les intérêts du maire se trouvent en opposition avec ceux de la commune, le conseil municipal désigne un autre de ses membres pour représenter la commune soit en justice, soit dans les contrats.

Art. 84. — En cas d'absence, de suspension, de révocation ou tout autre empêchement, le maire est provisoirement remplacé, dans la plénitude de ses fonctions, par un adjoint, dans l'ordre des nominations, et, à défaut d'adjoints, par un conseiller municipal désigné par le conseil, sinon pris dans l'ordre du tableau.

Art. 85. — Dans le cas où le maire refuserait ou négligerait de faire un des actes qui lui sont prescrits par la loi, le préfet peut, après l'en avoir requis, y procéder d'office par lui-même ou par un délégué spécial.

Art. 86. — Les maires et adjoints peuvent être suspendus par arrêté du préfet pour un temps qui n'excédera pas un mois et qui peut être porté à trois mois par le ministre de l'intérieur.

Ils ne peuvent être révoqués que par le décret du Président de la République.

La révocation emporte de plein droit l'inéligibilité aux fonctions de maire et à celles d'adjoint pendant une année à dater du décret de révocation, à moins qu'il ne soit procédé auparavant au renouvellement général des conseils municipaux.

Dans les colonies régies par la présente loi, la suspension peut être prononcée par arrêté du gouverneur pour une durée de trois mois. Cette durée ne peut être prolongée par le ministre.

Le gouverneur rend compte immédiatement de sa décision au ministre de la marine et des colonies.

Art. 87. — Au cas prévu et réglé par l'article 44, le président et à son défaut, le vice-président de la délégation spéciale remplit les fonctions de maire.

Ses pouvoirs prennent fin dès l'installation du nouveau conseil.

Art. 88. — Le maire nomme à tous les emplois communaux pour lesquels les lois, décrets et ordonnances actuellement en vigueur ne fixent pas un droit spécial de nomination.

Il suspend et révoque les titulaires de ces emplois.

Il peut faire assermenter et commissionner les agents nommés par lui, mais à la condition qu'ils soient agréés par le préfet ou le sous-préfet.

Art. 89. — Lorsque le maire procède à une adjudication publique pour le compte de la commune, il est assisté de deux membres du conseil municipal désignés d'avance par le conseil ou, à défaut de cette désignation, appelés dans l'ordre du tableau.

Le receveur municipal est appelé à toutes les adjudications. Toutes les difficultés qui peuvent s'élever sur les opérations préparatoires de l'adjudication sont résolues, séance tenante, par le maire et les deux assistants, à la majorité des voix, sauf le recours de droit.

Il n'est pas dérogé aux prescriptions du décret du 17 mai 1809 relatives à la mise en ferme des octrois.

Art. 90. — Le maire est chargé, sous le contrôle du conseil municipal et la surveillance de l'administration supérieure :

1º De conserver et d'administrer les propriétés de la commune et de faire, en conséquence, tous actes conservatoires de ses droits ;

2º De gérer les revenus, de surveiller les établissements communaux et la comptabilité communale ;

3º De préparer et proposer le budget et ordonnancer les dépenses ;

4º De diriger les travaux communaux ;

5º De pourvoir aux mesures relatives à la voirie municipale ;

6º De souscrire les marchés, de passer les baux des biens et les adjudications des travaux communaux dans les formes établies par les lois et règlements et par les articles 68 et 69 de la présente loi ;

7º De passer dans les mêmes formes les actes de vente, échange, partage, acceptation de dons ou legs, acquisition, transaction, lorsque ces actes ont été autorisés conformément à la présente loi ;

8º De représenter la commune en justice, soit en demandant, soit en défendant ;

9º De prendre, de concert avec les propriétaires ou les détenteurs du droit de chasse dans les buissons, bois et forêts, toutes les mesures nécessaires à la destruction des animaux nuisibles désignés dans l'arrêté du préfet pris en vertu de l'article 9 de la loi du 3 mai 1844 ;

De faire, pendant le temps de neige, à défaut des détenteurs du droit de chasse, ou eux dûment invités, détourner les loups et sangliers remis sur le territoire ; de requérir, à l'effet de les détruire, les habitants avec armes et chiens propres à la chasse de ces animaux ;

De surveiller et d'assurer l'exécution des mesures ci-dessus et d'en dresser procès-verbal ;

10º Et, d'une manière générale, d'exécuter les décisions du conseil municipal.

Art. 91. — Le maire est chargé, sous la surveillance de

l'administration supérieure, de la police municipa'e, de la
police rurale et de l'exécution des actes de l'autorité supérieure qui y sont relatifs.

Art. 92. — Le maire est chargé, sous l'autorité de l'administration supérieure :

1º De la publication et de l'exécution des lois et règlements ;

2º De l'exécution des mesures de sûreté générale ;

3º Des fonctions spéciales qui lui sont attribuées par les
lois.

Art. 93. — Le maire ou, à son défaut, le sous-préfet pourvoit d'urgence à ce que toute personne décédée soit enseve-
lie et inhumée décemment, sans distinction de culte ni de
croyance.

Art. 94. — Le maire prend des arrêtés à l'effet :

1º D'ordonner les mesures locales sur les objets confiés
par les lois à sa vigilance et à son autorité ;

2º De publier de nouveau les lois et les règlements de
police et de rappeler les citoyens à leur observation.

Art. 95. — Les arrêtés pris par le maire sont immédiatement adressés au sous-préfet ou, dans l'arrondissement du
chef-lieu du département, au préfet.

Le préfet peut les annuler ou en suspendre l'exécution.

Ceux de ces arrêtés qui portent règlement permanent
ne sont exécutoires qu'un mois après la remise de l'am-
pliation constatée par les récépissés délivrés par le sous-
préfet ou le préfet.

Néanmoins, en cas d'urgence, le préfet peut en autoriser l'exécution immédiate.

Art. 96. — Les arrêtés du maire ne sont obligatoires
qu'après avoir été portés à la connaissance des intéres-
vsés, par oie de publications et d'affiches, toutes les fois
qu'ils contiennent des dispositions générales, et, dans
les autres cas, par voie de notification individuelle.

La publication est constatée par une déclaration certifiée par le maire.

La notification est établie par le récépissé de la partie

intéressée, ou, à son défaut, par l'original de la notification conservé dans les archives de la mairie.

Les arrêtés, actes de publication et de notification sont inscrits à leur date sur le registre de la mairie.

Art. 97. — La police municipale a pour objet d'assurer le bon ordre, la sûreté et la salubrité publiques.

Elle comprend notamment :

1º Tout ce qui intéresse la sûreté et la commodité du passage dans les rues, quais, places et voies publiques, ce qui comprend le nettoiement, l'éclairage, l'enlèvement des encombrements, la démolition ou la réparation des édifices menaçant ruine, l'interdiction de rien exposer aux fenêtres ou aux autres parties des édifices qui puisse nuire par sa chute ou celle de rien jeter qui puisse endommager les passants ou causer des exhalaisons nuisibles ;

2º Le soin de réprimer les atteintes à la tranquillité publique, telles que les rixes et disputes accompagnées d'ameutement dans les rues, le tumulte excité dans les lieux d'assemblée publique, les attroupements, les bruits et rassemblements nocturnes qui troublent le repos des habitants, et tous actes de nature à compromettre la tranquillité publique ;

3º Le maintien du bon ordre dans les endroits où il se fait de grands rassemblements d'hommes, tels que les foires, marchés, réjouissances et cérémonies publiques, spectacles, jeux, cafés, églises et autres lieux publics ;

4º Le mode de transport des personnes décédées, les inhumations et exhumations, le maintien du bon ordre et de la décence dans les cimetières, sans qu'il soit permis d'établir des distinctions ou des prescriptions particulières à raison des croyances ou du culte du défunt ou des circonstances qui ont accompagné sa mort ;

5º L'inspection sur la fidélité du débit des denrées qui se vendent au poids ou à la mesure, et sur la salubrité des comestibles exposés en vente ;

6º Le soin de prévenir, par des précautions convenables, et celui de faire cesser, par la distribution des secours nécessaires, les accidents et les fléaux calamiteux, tels que les incendies, les inondations, les maladies épidémiques ou contagieuses, les épizooties, en provoquant, s'il y a lieu, l'intervention de l'administration supérieure ;

7º Le soin de prendre provisoirement les mesures nécessaires contre les aliénés dont l'état pourrait compromettre la morale publique, la sécurité des personnes ou la conservation des propriétés ;

8º Le soin d'obvier ou de remédier aux événements fâcheux qui pourraient être occasionnés par la divagation des animaux malfaisants ou féroces.

Art. 98. — Le maire a la police des routes nationales et départementales, et des voies de communication dans l'intérieur des agglomérations, mais seulement en ce qui touche à la circulation sur lesdites voies.

Il peut, moyennant le payement de droits fixés par un tarif dûment établi, sous les réserves imposées par l'article 7 de la loi du 11 frimaire an VII, donner des permis de stationnement ou de dépôt temporaire sur la voie publique, sur les rivières, ports et quais fluviaux et autres lieux publics.

Les alignements individuels, les autorisations de bâtir, les autres permissions de voirie sont délivrés par l'autorité compétente, après que le maire aura donné son avis dans le cas où il ne lui appartient pas de les délivrer lui-même.

Les permissions de voirie à titre précaire ou essentiellement révocable sur les voies publiques qui sont placées dans les attributions du maire et ayant pour objet, notamment, l'établissement dans le sol de la voie publique des canalisations destinées au passage ou à la conduite soit de l'eau, soit du gaz, peuvent, en cas de refus du maire non justifié par l'intérêt général, être accordées par le préfet.

Art. 99. — Les pouvoirs qui appartiennent au maire, en vertu de l'article 91, ne font pas obstacle au droit du préfet de prendre, pour toutes les communes du département ou plusieurs d'entre elles, et dans tous les cas où il n'y aurait

3

pas été pourvu par les autorités municipales, toutes mesures relatives au maintien de la salubrité, de la sûreté et de la tranquillité publiques.

Ce droit ne pourra être exercé par le préfet à l'égard d'une seule commune qu'après une mise en demeure au maire restée sans résultats.

Art. 100. — Les cloches des églises sont spécialement affectées aux cérémonies du culte.

Néanmoins, elles peuvent être employées dans les cas de péril commun qui exigent un prompt secours et dans les circonstances où cet emploi est prescrit par des dispositions de lois ou règlements, ou autorisé par les usages locaux.

Les sonneries religieuses, comme les sonneries civiles, feront l'objet d'un règlement concerté entre l'évêque et le préfet, ou entre le préfet et les consistoires, et arrêté, en cas de désaccord, par le ministre des cultes.

Art. 101. — Une clef du clocher sera déposée entre les mains des titulaires ecclésiastiques, une autre entre les mains du maire, qui ne pourra en faire usage que dans les circonstances prévues par les lois ou règlements.

Si l'entrée du clocher n'est pas indépendante de celle de l'église, une clef de la porte de l'église sera déposée entre les mains du maire.

Art. 102. — Toute commune peut avoir un ou plusieurs gardes champêtres. Les gardes champêtres sont nommés par le maire ; ils doivent être agréés et commissionnés par le sous-préfet ou par le préfet dans l'arrondissement du chef-lieu. Le préfet ou le sous-préfet devra faire connaître son agrément ou son refus d'agréer dans le délai d'un mois. Ils doivent être assermentés. Ils peuvent être suspendus par le maire. La suspension ne pourra durer plus d'un mois ; le préfet seul peut les révoquer.

En dehors de leurs fonctions relatives à la police rurale, les gardes champêtres sont chargés de rechercher, chacun dans le territoire pour lequel il est assermenté, les contraventions aux règlements et arrêtés de police municipale. Ils dressent des procès-verbaux pour constater ces contraventions.

Art. 103. — Dans les villes ayant plus de 40,000 habitants, l'organisation du personnel chargé du service de la police est réglée, sur l'avis du conseil municipal, par décret du Président de la République.

Si un conseil municipal n'allouait pas les fonds exigés pour la dépense, ou n'allouait qu'une somme insuffisante, l'allocation nécessaire serait inscrite au budget par décret du Président de la République, le conseil d'État entendu.

Dans toutes les communes, les inspecteurs de police, les brigadiers et sous-brigadiers et les agents de police nommés par le maire doivent être agréés par le sous-préfet ou par le préfet. Ils peuvent être suspendus par le maire, mais le préfet seul peut les révoquer.

Art. 104. — Le préfet du Rhône exerce dans les communes de Lyon, Caluire et Cuire, — Oullins, Sainte-Foy, — Saint-Rambert, Villeurbanne, — Vaux-en-Velin, — Bron, Venissieux, et Pierre-Bénite, du département du Rhône, et dans celle de Sathonay, du département de l'Ain, les mêmes attributions que celles qu'exerce le préfet de police dans les communes suburbaines de la Seine.

Art. 105. — Dans les communes dénommées à l'article 104, les maires restent investis de tous les pouvoirs de police conférés aux administrationss municipales par les paragraphes 1, 4, 5, 6, 7 et 8 de l'article 97.

Ils sont, en outre, chargés du maintien du bon ordre dans les foires, marchés, réjouissances et cérémonies publiques, spectacles, jeux, cafés, églises et autres lieux publics.

Art. 106. — Les communes sont civilement responsables des dégâts et dommages résultant des crimes ou délits commis à force ouverte ou par violence sur leur territoire par des attroupements ou rassemblements armés, ou non armés, soit envers les personnes, soit contre les propriétés publiques ou privées.

Les dommages-intérêts dont la commune est responsable sont répartis entre tous les habitants domiciliés dans ladite commune, en vertu d'un rôle spécial comprenant les quatre contributions directes.

Art. 107. — Si les attroupements ou rassemblements ont été formés d'habitants de plusieurs communes, chacune d'elles est responsable des dégâts et dommages causés, dans la proportion qui sera fixée par les tribunaux.

Art. 108. — Les dispositions des articles 106 et 107 ne sont pas applicables :

1° Lorsque la commune peut prouver que toutes les mesures, qui étaient en son pouvoir ont été prises à l'effet de prévenir les attroupements ou rassemblements, et d'en faire connaître les auteurs ;

2° Dans les communes où la municipalité n'a pas la disposition de la police locale ni de la force armée ;

3° Lorsque les dommages causés sont le résultat d'un fait de guerre.

Art. 109. — La commune déclarée responsable peut exercer son recours contre les auteurs et complices du désordre.

TITRE IV

De l'administration des communes

CHAPITRE Ier. — *Des biens, travaux et établissements communaux.*

Art. 110. — La vente des biens mobiliers et immobiliers des communes, autres que ceux servant à un usage public, peut être autorisée, sur la demande de tout créancier porteur de titre exécutoire, par un décret du Président de la République qui détermine les formes de la vente.

Art. 111. — Les délibérations du conseil municipal ayant pour objet l'acceptation de dons et legs, lorsqu'il y a des charges ou conditions, sont exécutoires sur arrêté du préfet, pris en conseil de préfecture.

S'il y a réclamation des prétendants droit à la succession,

quelles que soient la quotité et la nature de la donation ou du legs, l'autorisation ne peut être accordée que par décret rendu en conseil d'Etat.

Si la donation ou le legs ont été faits à un hameau ou quartier d'une commune qui n'est pas encore à l'état de section ayant la personnalité civile, les habitants du hameau ou quartier seront appelés à élire une commission syndicale, conformément à l'article 129 ci-dessous. La commission syndicale délibérera sur l'acceptation de la libéralité, et, dans aucun cas, l'autorisation d'accepter ne pourra être accordée que par un décret rendu dans la forme des règlements d'administration publique.

Art. 112. — Lorsque la délibération porte refus de dons ou legs, le préfet peut, par un arrêté motivé, inviter le conseil municipal à revenir sur sa première délibération. Le refus n'est définitif que si, par une seconde délibération le conseil municipal déclare y persister.

Si le don ou le legs a été fait à une section de commune et que le conseil municipal soit d'avis de refuser la libéralité, il sera procédé comme il est dit au paragraphe 3 de l'article 111.

Art. 113. — Le maire peut toujours, à titre conservatoire, accepter les dons ou legs et former avant l'autorisation toute demande en délivrance.

Le décret du Président de la République, l'arrêté du préfet ou la délibération du conseil municipal, qui interviennent ultérieurement, ont effet du jour de cette acceptation.

Art. 114. — Aucune construction nouvelle ou reconstruction ne peut être faite que sur la production des plans et devis approuvés par le conseil municipal, sauf les exceptions prévues par des lois spéciales.

Les plans et devis sont, en outre, approuvés par le préfet ndas les cas prévus par l'article 68, paragraphe 3.

Art. 115. — Les traités de gré à gré à passer dans les conditions prévues par l'ordonnance du 14 novembre 1837, et qui ont pour objet l'exécution par entreprise des travaux d'ouverture des nouvelles voies publiques et de tous autres travaux communaux, sont approuvés par le préfet, ou par décret, dans le cas prévu par l'article 145, paragraphe 3.

Il en est de même des traités portant concession à titre exclusif, ou pour une durée de plus de trente années, des grands services municipaux, ainsi que des tarifs et traités relatifs aux pompes funèbres.

Art. 116. — Deux ou plusieurs conseils municipaux peuvent provoquer entre eux, par l'entremise de leurs présidents, et après en avoir averti les préfets, une entente sur les objets d'utilité communale compris dans leurs attributions et qui intéressent à la fois leurs communes respectives.

Ils peuvent faire des conventions à l'effet d'entreprendre ou de conserver à frais communs des ouvrages ou des institutions d'utilité commune.

Art. 117. — Les questions d'intérêt commun seront débattues dans des conférences où chaque conseil municipal sera représenté par une commission spéciale nommée à cet effet et composée de trois membres nommés au scrutin secret.

Les préfets et sous-préfets des départements et arrondissements comprenant les communes intéressées pourront toujours assister à ces conférences.

Les décisions qui y seront prises ne seront exécutoires qu'après avoir été ratifiées par tous les conseils municipaux intéressés et sous les réserves énoncées au chapitre 3 du titre IV de la présente loi.

Art. 118. — Si des questions autres que celles que prévoit l'article 116 étaient mises en discussion, le préfet du département où la conférence a lieu déclarerait la réunion dissoute.

Toute délibération prise après cette déclaration donnerait lieu à l'application des dispositions et pénalités énoncées à l'article 34 de la loi du 10 août 1871.

Art. 119. — Les délibérations des commissions administratives des hospices, hôpitaux et autres établissements charitables communaux concernant un emprunt sont exécutoires en vertu d'un arrêté du préfet, sur avis conforme du conseil municipal, lorsque la somme à emprunter ne dépasse pas le chiffre des revenus ordinaires de l'établissement et que le remboursement doit être effectué dans un délai de douze années.

Si la somme à emprunter dépasse ledit chiffre ou si le délai de remboursement excède douze années, l'emprunt ne peut être autorisé que par un décret du Président de la République.

Le décret est rendu en conseil d'Etat si l'avis du conseil municipal est contraire, ou s'il s'agit d'un établissement ayant plus de 100,000 francs de revenu.

L'emprunt ne peut être autorisé que par une loi, lorsque la somme à emprunter dépasse 500,000 francs ou lorsque ladite somme, réunie aux chiffres d'autres emprunts non encore remboursés, dépasse 500,000 francs.

Art. 120. — Les délibérations par lesquelles les commissions administratives chargées de la gestion des établissements publics communaux changeraient en totalité ou en partie l'affectation des locaux ou objets immobiliers ou mobiliers appartenant à ces établissements, dans l'intérêt d'un service public ou privé quelconque, ou mettraient à la disposition, soit d'un autre établissement public ou privé, soit d'un particulier, lesdits locaux et objets, ne sont exécutoires qu'après avis du conseil municipal, et en vertu d'un décret rendu sur la proposition du ministre de l'intérieur.

CHAPITRE II. — *Des actions judiciaires.*

Art. 121. — Nulle commune ou section de commune ne peut ester en justice sans y être autorisée par le conseil de préfecture, sauf les cas prévus aux articles 122 et 154 de la présente loi.

Après tout jugement intervenu, la commune ne peut se pourvoir devant un autre degré de juridiction qu'en vertu d'une nouvelle autorisation du conseil de préfecture.

Dans les cas prévus par les deux paragraphes précédents, la décision du conseil de préfecture doit être rendue dans les deux mois, à compter du jour de la demande en autorisation. A défaut de décision rendue dans ledit délai, la commune est autorisée à plaider.

Art. 122. — Le maire peut toujours, sans autorisation préalable, intenter toute action possessoire ou y défendre et faire tous actes conservatoires ou interruptifs des déchéances.

Il peut, sans autre autorisation, interjeter appel de tout jugement et se pourvoir en cassation; mais il ne peut ni suivre sur son appel, ni suivre sur le pourvoi qu'en vertu d'une nouvelle autorisation.

Art. 123. — Tout contribuable inscrit au rôle de la commune a le droit d'exercer, à ses frais et risques, avec l'autorisation du conseil de préfecture, les actions qu'il croit appartenir à la commune ou section, et que celle-ci, préalablement appelée à en délibérer, a refusé ou négligé d'exercer.

La commune ou section est mise en cause et la décision qui intervient a effet à son égard.

Art. 124. — Aucune action judiciaire autre que les actions possessoires ne peut, à peine de nullité, être intentée contre une commune qu'autant que le demandeur a préalablement adressé au préfet ou au sous-préfet un mémoire exposant l'objet et les motifs de sa réclamation. Il lui en est donné récépissé.

L'action ne peut être portée devant les tribunaux que deux mois après la date du récépissé, sans préjudice des actes conservatoires.

La présentation du mémoire interrompt toute prescription ou déchéance, si elle est suivie d'une demande en justice dans le délai de trois mois.

Art. 125. — Le préfet ou sous-préfet adresse immédiatement le mémoire au maire, avec l'invitation de convoquer le conseil municipal dans le plus bref délai, pour en délibérer.

La délibération du conseil municipal est transmise au conseil de préfecture, qui décide si la commune doit être autorisée à ester en justice.

La décision du conseil de préfecture doit être rendue dans le délai de deux mois, à dater du dépôt du mémoire.

Art. 126. — Toute décision du conseil de préfecture portant refus d'autorisation doit être motivée.

La commune, la section de commune ou le contribuable auquel l'autorisation a été refusée peut se pourvoir devant le conseil d'État.

Le pourvoi est introduit et jugé en la forme administrative. Il doit, à peine de déchéance, être formé dans le délai de deux mois à dater de la notification de l'arrêté du conseil de préfecture.

Il doit être statué sur le pourvoi dans le délai de deux mois à partir du jour de son enregistrement au secrétariat général du conseil d'État.

Art. 127. — En cas de pourvoi de la commune ou section contre la décision du conseil de préfecture, le demandeur peut néanmoins introduire l'action ; mais l'instance est suspendue jusqu'à ce qu'il ait été statué par le conseil d'État ou jusqu'à l'expiration du délai dans lequel le conseil d'État doit statuer. A défaut de décision rendue dans les délais ci-dessus impartis, la commune est autorisée à ester en justice. Mais, en cas d'appel ou de pourvoi en cassation, il doit être procédé comme il est à dit l'article 121.

Art. 128. — Lorsqu'une section se propose d'intenter ou de soutenir une action judiciaire soit contre la commune dont elle dépend, soit contre une autre section de la même commune, il est formé, pour la section et pour chacune des sections intéressées, une commission syndicale distincte.

Art. 129. — Les membres de la commission syndicale sont choisis parmi les éligibles de la commune et nommés par les électeurs de la section qui l'habitent et par les personnes qui, sans être portées sur la liste électorale, y sont propriétaires fonciers.

Le préfet est tenu de convoquer les électeurs dans le délai d'un mois pour nommer une commission syndicale, toutes les fois qu'un tiers des habitants ou propriétaires de la section lui adresse à cet effet une demande motivée sur l'existence d'un droit litigieux à exercer au profit de la section contre la commune ou une autre section de la commune.

Le nombre des membres de la commission est fixé par l'arrêté qui convoque les électeurs.

Ils élisent parmi eux un président chargé de suivre l'action.

Art. 130. — Lorsque le conseil municipal se trouve réduit à moins du tiers de ses membres, par suite de l'abstention, prescrite par l'article 64, des conseillers municipaux qui sont intéressés à la jouissance des biens et droits revendiqués par une section, le préfet convoque les électeurs de la commune, déduction faite de ceux qui habitent ou sont propriétaires sur le territoire de la section, à l'effet d'élire ceux d'entre eux qui doivent prendre part aux délibérations aux lieu et place des conseillers municipaux obligés de s'abstenir.

Art. 131. — La section qui a obtenu une condamnation contre la commune ou une autre section n'est point passible des charges ou contributions imposées pour l'acquittement des frais et dommages-intérêts qui résultent du procès.

Il en de même à l'égard de toute partie qui plaide contre une commune ou section de commune.

CHAPITRE III. — *Du budget communal.*

SECTION 1re. — RECETTES ET DÉPENSES

Art. 132. — Le budget communal se divise en budget ordinaire et en budget extraordinaire.

Art. 133. — Les recettes du budget ordinaire se composent :

1º Des revenus de tous les biens dont les habitants n'ont pas la jouissance en nature ;

2º Des cotisations imposées annuellement sur les ayants droit aux fruits qui se perçoivent en nature ;

3º Du produit des centimes ordinaires et spéciaux affectés aux communes par les lois de finances ;

4º Du produit de la portion accordée aux communes dans certains des impôts et droits perçus pour le compte de l'Etat ;

5º Du produit des octrois municipaux affecté aux dépenses ordinaires ;

6º Du produit des droits de place perçus dans les halles, foires, marchés, abattoirs, d'après les tarifs dûment établis ;

7º Du produit des permis de stationnement et de location sur la voie publique, sur les rivières, ports et quais fluviaux et autres lieux publics ;

8º Du produit des péages communaux, des droits de pesage, mesurage et jaugeage, des droits de voirie et autres droits légalement établis ;

9º Du produit des terrains communaux affectés aux inhumations et de la part revenant aux communes dans le prix des concessions dans les cimetières ;

10º Du produit des concessions d'eau et de l'enlèvement des boues et immondices de la voie publique et autres concessions autorisées pour les services communaux;

11º Du produit des expéditions des actes administratifs et des actes de l'état civil ;

12º De la portion que les lois accordent aux communes dans les produits des amendes prononcées par les tribunaux de police correctionnelle et de simple police ;

13º Du produit de la taxe de balayage dans les communes de France et d'Algérie où elle sera établie, sur leur demande, conformément aux dispositions de la loi du 26 mars 1873, en vertu d'un décret rendu dans la forme des règlements d'administration publique ;

14º Et généralement du produit des contributions, taxes et droits dont la perception est autorisée par les lois dans l'intérêt des communes, et de toutes les ressources annuelles et permanentes ; en Algérie et dans les colonies, des ressources dont la perception est autorisée par les lois et décrets.

L'établissement des centimes pour insuffisance de revenus est autorisé par arrêté du préfet lorsqu'il s'agit de dépenses obligatoires.

Il est approuvé par décret dans les autres cas.

Art. 134. — Les recettes du budget extraordinaire se composent :

1º Des contributions extraordinaires dûment autorisées ;

2º Du prix des biens aliénés ;

3º Des dons et legs ;

4º Du remboursement des capitaux exigibles et des rentes rachetées ;

5º Du produit des coupes extraordinaires de bois ;

6º Du produit des emprunts ;

7º Du produit des taxes ou des surtaxes d'octroi spécialement affectées à des dépenses extraordinaires et à des remboursements d'emprunt ;

8º Et de toutes autres recettes accidentelles.

Art. 135. — Les dépenses du budget ordinaire comprennent les dépenses annuelles et permanentes d'utilité communale.

Les dépenses du budget extraordinaire comprennent les dépenses accidentelles ou temporaires qui sont imputées sur des recettes énumérées à l'article 134 ou sur l'excédent des recettes ordinaires.

Art. 136. — Sont obligatoires pour les communes les dépenses suivantes :

1º L'entretien de l'hôtel de ville, ou, si la commune n'en possède pas, la location d'une maison ou d'une salle pour en tenir lieu ;

2º Les frais de bureau et d'impression pour le service de la commune, de conservation des archives communales et du recueil des actes administratifs du département ; les frais d'abonnement au *Bulletin des communes* et, pour les communes chefs-lieux de canton, les frais d'abonnement et de conservation du *Bulletin des lois* ;

3º Les frais de recensement de la population ; ceux des assemblées électorales qui se tiennent dans les communes et ceux des cartes électorales (1);

4º Les frais des registres de l'état civil et des livrets de famille et la portion de la table décennale des actes de l'état civil à la charge des communes ;

5º Le traitement du receveur municipal, du préposé en chef de l'octroi et les frais de perception ;

6º Les traitements et autres frais du personnel de la police municipale et rurale et des gardes des bois de la commune ;

7º Les pensions à la charge de la commune, lorsqu'elles ont été régulièrement liquidées et approuvées ;

8º Les frais de loyer et de réparation du local de la justice de paix, ainsi que ceux d'achat et d'entretien de son mobilier dans les communes chefs-lieux de canton ;

9º Les dépenses relatives à l'instruction publique, conformément aux lois ;

10º Le contingent assigné à la commune, conformément aux lois, dans la dépense des enfants assistés et des aliénés ;

11º L'indemnité de logement aux curés et desservants et ministres des autres cultes salariés par l'Etat, lorsqu'il n'existe pas de bâtiment affecté à leur logement et lorsque les fabriques ou autres administrations préposées aux cultes ne pourront pourvoir elles-mêmes au paiement de cette indemnité ;

12º Les grosses réparations aux édifices communaux, sauf, lorsqu'ils sont consacrés aux cultes, l'application préalable des revenus et ressources disponibles des fabriques à ces réparations, et sauf l'exécution des lois spéciales concernant les bâtiments affectés à un service militaire.

---

1. Les dépenses résultant de l'impression des formules de procès-verbaux et des listes d'émargement sont donc à la charge des communes.

S'il y a désaccord entre la fabrique et la commune, quand le concours financier de cette dernière est réclamé par la fabrique dans les cas prévus aux paragraphes 11º et 12º, il est statué par décret sur les propositions des ministres de l'intérieur et des cultes ;

13º La clôture des cimetières, leur entretien et leur translation dans les cas déterminés par les lois et règlements d'administration publique ;

14º Les frais d'établissement et de conservation des plans d'alignement et de nivellement ;

15º Les frais et dépenses des conseils de prud'hommes pour les communes comprises dans le territoire de leur juridiction et proportionnellement au nombre des électeurs inscrits sur les listes électorales spéciales à l'élection et les menus frais des chambres consultatives des arts et manufactures pour les communes où elles existent ;

16º Les prélèvements et contributions établis par les lois sur les biens et revenus communaux ;

17º L'acquittement des dettes exigibles ;

18º Les dépenses des chemins vicinaux dans les limites fixées par la loi ;

19º Dans les colonies régies par la présente loi, le traitement du secrétaire et des employés de la mairie ; les contributions assises sur les biens communaux ; les dépenses pour le service de la milice qui ne sont pas à la charge du Trésor ;

20º Les dépenses occasionnées par l'application de l'article 85 de la présente loi, et généralement toutes les dépenses mises à la charge des communes par une disposition de loi.

Art. 137. — L'établissement des taxes d'octroi votées par les conseils municipaux, ainsi que les règlements relatifs à leur perception, sont autorisés par des décrets du Président de la République rendus en conseil d'État, après avis du conseil général ou de la commission départementale dans l'intervalle des sessions.

Il en sera de même de toute délibération portant augmentation ou prorogation de taxe pour une période de plus de cinq ans.

Les délibérations concernant :

1° Les modifications aux règlements ou aux périmètres existants ;

2° L'assujettissement à la taxe d'objets non encore imposés au tarif local ;

3° L'établissement ou le renouvellement d'une taxe non comprise dans le tarif général ;

4° L'établissement ou le renouvellement d'une taxe excédant le minimum fixé par ledit tarif général,

Doivent être pareillement approuvées par décret du Président de la République rendu en conseil d'Etat, après avis du conseil général ou de la commission départementale dans l'intervalle des sessions.

Les surtaxes d'octroi sur les vins, cidres, poirés, hydromels et alcools, au delà des proportions déterminées par les lois spéciales concernant les droits d'entrée du Trésor, ne peuvent être autorisées que par une loi.

Art. 138. — Sont exécutoires, sur l'approbation du préfet, conformément aux dispositions de l'article 69 de la présente loi, mais toutefois après avis du conseil général, ou de la commission départementale dans l'intervalle des sessions, les délibérations prises par les conseils municipaux concernant la suppression ou la diminution des taxes d'octroi.

Art. 139. — Sont exécutoires par elles-mêmes les délibérations prises par les conseils municipaux prononçant la prorogation ou l'augmentation des taxes d'octroi pour une période de cinq ans au plus, sous la réserve toutefois qu'aucune des taxes ainsi maintenues ou modifiées n'excédera le maximum déterminé par le tarif général et ne portera que sur des objets compris dans ce tarif.

Art. 140. — Les taxes particulières dues par les habitants ou propriétaires en vertu des lois et des usages locaux sont réparties par une délibération du conseil municipal approuvée par le préfet.

Ces taxes sont perçues suivant les formes établies pour le recouvrement des contributions publiques.

Art. 141. — Les conseils municipaux peuvent voter, dans la limite du maximum fixé chaque année par le conseil général, des contributions extraordinaires n'excédant pas cinq centimes pendant cinq années, pour en affecter le produit à des dépenses extraordinaires d'utilité communale.

Ils peuvent aussi voter 3 centimes extraordinaires exclusivement affectés aux chemins vicinaux ordinaires, et 3 centimes extraordinaires exclusivement affectés aux chemins ruraux reconnus.

Ils votent et règlent les emprunts communaux remboursables sur les centimes extraordinaires votés comme il vient d'être dit au premier paragraphe du présent article, ou sur les ressources ordinaires, quand l'amortissement, en ce dernier cas, ne dépasse pas trente ans.

Art. 142. — Les conseils municipaux votent, sauf approbation du préfet :

1º Les contributions extraordinaires qui dépasseraient cinq centimes, sans excéder le maximum fixé par le conseil général, et dont la durée excédant cinq années ne serait pas supérieure à trente ans ;

2º Les emprunts remboursables sur les mêmes contributions extraordinaires ou sur les revenus ordinaires dans un délai excédant, pour ce dernier cas, trente ans.

Art. 143. — Toute contribution extraordinaire dépassant le maximum fixé par le conseil général, et tout emprunt remboursable sur cette contribution sont autorisés par décret du Président de la République.

Si la contribution est établie pour une durée de plus de trente ans, ou si l'emprunt remboursable sur ressources extraordinaires doit excéder cette durée, le décret est rendu en conseil d'Etat.

Il est statué par une loi si la somme à emprunter dépasse un million, ou si, réunie aux chiffres d'autres emprunts non encore remboursés, elle dépasse un million.

Art. 144. — Les forêts et les bois de l'Etat acquittent les centimes additionnels ordinaires et extraordinaires affectés aux dépenses des communes dans la même proportion que les propriétés privées.

SECTION II. — VOTE ET RÈGLEMENT DU BUDGET

Art. 145. — Le budget de ch que commune est proposé par le maire, voté par le conseil municipal et réglé par le préfet.

Lorsqu'il pourvoit à toutes les dépenses obligatoires et qu'il n'applique aucune recette extraordinaire aux dépenses soit obligatoires, soit facultatives, ordinaires ou extraordinaires, les allocations portées audit budget pour les dépenses facultatives ne peuvent être modifiées par l'autorité supérieure.

Le budget des villes dont le revenu est de 3 millions de francs au moins est toujours soumis, à l'approbation du Président de la République, sur la proposition du ministre de l'intérieur.

Le revenu d'une ville est réputé atteindre 3 millions de francs lorsque les recettes ordinaires constatées dans les comptes se sont élevées à cette somme pendant les trois dernières années

Il n'est réputé être descendu au-dessous de 3 millions de francs que lorsque, pendant les trois dernières années, les recettes ordinaires sont restées inférieures à cette somme.

Art. 146. — Les crédits qui seront reconnus nécessaires après le règlement du budget seront votés et autorisés conformément à l'article précédent.

Art. 147. — Les conseils municipaux peuvent porter au budget un crédit pour les dépenses imprévues.

La somme inscrite pour ce crédit ne peut être réduite ou rejetée qu'autant que les revenus ordinaires, après avoir satisfait à toutes les dépenses obligatoires, ne permettraient pas d'y faire face.

Le crédit pour dépenses imprévues est employé par le maire.

Dans la première session qui suivra l'ordonnancement de chaque dépense, le maire rendra compte au conseil municipal, avec pièces justificatives à l'appui, de l'emploi de ce crédit. Ces pièces demeureront annexées à la délibération.

Art. 148. — Le décret du Président de la République ou l'arrêté du préfet qui règle le budget d'une commune peut rejeter ou réduire les dépenses qui y sont portées, sauf dans les cas prévus par le paragraphe 2 de l'article 145 et par le paragraphe 2 de l'article 147 ; mais il ne peut les augmenter ni en introduire de nouvelles qu'autant qu'elles sont obligatoires.

Art. 149. — Si un conseil municipal n'allouait pas les fonds exigés par une dépense obligatoire, ou n'allouait qu'une somme insuffisante, l'allocation serait inscrite au budget par décret du Président de la République, pour les communes dont le revenu est de 3 millions et au-dessus, et par arrêté du préfet en conseil de préfecture pour celles dont le revenu est inférieur.

Aucune inscription d'office ne peut être opérée sans que le conseil municipal ait été, au préalable, appelé à prendre une délibération spéciale à ce sujet.

S'il s'agit d'une dépense annuelle et variable, le chiffre en est fixé sur sa quotité moyenne pendant les trois dernières années.

S'il s'agit d'une dépense annuelle et fixe de sa nature ou d'une dépense extraordinaire, elle est inscrite pour sa quotité réelle.

Si les ressources de la commune sont insuffisantes pour subvenir aux dépenses obligatoires inscrites d'office, en vertu du présent article, il y est pourvu par le conseil municipal, ou, en cas de refus de sa part, au moyen d'une contribution extraordinaire établie d'office par un décret, si la contribution extraordinaire n'excède pas le maximum à fixer annuellement par la loi de finances, et par une loi spéciale, si la contribution doit excéder ce maximum.

Art. 150. — Dans le où, pour une cause quelconque, le

budget d'une commune n'aurait pas été définitivement réglé avant le commencement de l'exercice, les recettes et les dépenses ordinaires continuent, jusqu'à l'approbation de ce budget, à être faites conformément à celui de l'année précédente. Dans le cas où il n'y aurait eu aucun budget antérieurement voté, le budget serait établi par le préfet en conseil de préfecture.

CHAPITRE IV. — *De la comptabilité des communes.*

Art. 151. — Les comptes du maire, pour l'exercice clos, sont présentés au conseil municipal avant la délibération du budget.

Ils sont définitivement approuvés par le préfet.

Art. 152. — Le maire peut seul délivrer des mandats.

S'il refusait d'ordonnancer une dépense régulièrement autorisée et liquide, il serait prononcé par le préfet en conseil de préfecture, et l'arrêté du préfet tiendrait lieu du mandat du maire.

Art. 153. — Les recettes et dépenses communales s'effectuent par un comptable, chargé seul sous sa responsabilité de poursuivre la rentrée de tous revenus de la commune et de toutes sommes qui lui seraient dues, ainsi que d'acquitter les dépenses ordonnancées par le maire, jusqu'à concurrence des crédits régulièrement accordés.

Tous les rôles de taxe, de sous-répartitions et de prestations locales doivent être remis à ce comptable.

Art. 154. — Toutes les recettes municipales pour lesquelles les lois et règlements n'ont pas prescrit un mode spécial de recouvrement s'effectuent sur les états dressés par le maire. Ces états sont exécutoires après qu'ils ont été visés par le préfet ou le sous-préfet.

Les oppositions, lorsque la matière est de la compétence des tribunaux ordinaires, sont jugées comme affaires sommaires, et la commune peut y défendre sans autorisation du conseil de préfecture.

Art. 155. — Toute personne autre que le receveur municipal qui, sans autorisation légale, se serait ingérée dans le maniement des deniers de la commune, sera par ce seul fait constituée comptable et pourra, en outre, être poursuivie, en vertu du code pénal, comme s'étant immiscée sans titre dans les fonctions publiques.

Art. 156. — Le percepteur remplit les fonctions de receveur municipal.

Néanmoins, dans les communes dont les revenus ordinaires excèdent 30,000 francs, ces fonctions peuvent être confiées, sur la demande du conseil municipal, à un receveur municipal spécial.

Ce receveur spécial est nommé sur une liste de trois noms présentée par le conseil municipal.

Il est nommé par le préfet dans les communes dont le revenu ne dépasse pas 300,000 francs, et par le Président de la République, sur la proposition du ministre des finances, dans les communes dont le revenu est supérieur.

En cas de refus, le conseil municipal doit faire de nouvelles présentations.

Art. 157. — Les comptes du receveur municipal sont apurés par le conseil de préfecture, sauf recours à la cour des comptes pour les communes dont les revenus ordinaires dans les trois dernières années n'excèdent pas 30,000 fr.

Ils sont apurés et définitivement réglés par la cour des comptes pour les communes dont le revenu est supérieur.

Ces distinctions sont applicables aux comptes des trésoriers des hôpitaux et autres établissements de bienfaisance.

Art. 158. — La responsabilité des receveurs municipaux et les formes de la comptabilité des communes sont déterminées par des règlements d'administration publique.

Les receveurs municipaux sont assujettis, pour l'exécution de ces règlements, à la surveillance des receveurs des finances.

Dans les communes où les fonctions de receveur municipal et de percepteur sont réunies, la gestion du comptable est placée sous la responsabilité du receveur des finances, d'après les conditions déterminées par un règlement d'administration publique.

Art. 159. — Les comptables qui n'ont pas présenté leurs comptes dans les délais prescrits par les règlements peuvent être condamnés, par l'autorité chargée de juger lesdits comptes, à une amende de 10 fr. à 100 fr. par chaque mois de retard pour les receveurs et trésoriers justiciables des conseils de préfecture, et de 50 à 500 fr., également par mois de retard, pour ceux qui sont justiciables de la cour des comptes.

Ces amendes sont attribuées aux communes ou établissements que concernent les comptes en retard.

Elles sont assimilées, quant au mode de recouvrement et de poursuites, aux débets de comptables des deniers de l'Etat et la remise n'en peut être accordée que d'après les mêmes règles.

Art. 160. — Les budgets et les comptes des communes restent déposés à la mairie ; ils sont rendus publics dans les communes dont le revenu est de 100,000 fr. et au-dessus et dans les autres quand le conseil municipal a voté la dépense de l'impression.

TITRE V

Des biens et droits indivis entre plusieurs communes

Art. 161. — Lorsque plusieurs communes possèdent des biens ou des droits indivis, un décret du Président de la République instituera, si l'une d'elles le réclame, une commission syndicale composée de délégués des conseils municipaux des communes intéressées.

Chacun des conseils élira dans son sein, au scrutin secret, le nombre de délégués qui aura été déterminé par le décret du Président de la République.

La commission syndicale sera présidée par un syndic élu

par les délégués et pris parmi eux. Elle sera renouvelée après chaque renouvellement des conseils municipaux.

Les délibérations sont soumises à toutes les règles établies pour les délibérations des conseils municipaux.

Art. 162. — Les attributions de la commission syndicale et de son président comprennent l'administration de biens et droits indivis et l'exécution des travaux qui s'y rattachent.

Ces attributions sont les mêmes que celles des conseils municipaux et des maires en pareille matière.

Mais les ventes, échanges, partages, acquisitions, transactions demeurent réservés aux conseils municipaux, qui pourront autoriser le président de la commission à passer les actes qui y sont relatifs.

Art. 163. — La répartition des dépenses votées par la commission syndicale est faite entre les communes intéressées par les conseils municipaux.

Leurs délibérations seront soumises à l'approbation du préfet.

En cas de désaccord entre les conseils municipaux, le préfet prononcera, sur l'avis du conseil général ou, dans l'intervalle des sessions, de la commission départementale. Si les conseils municipaux appartiennent à des départements différents, il sera statué par décret.

La part de la dépense définitivement assignée à chaque commune sera portée d'office aux budgets respectifs, conformément à l'article 149 de la présente loi.

TITRE VI

Dispositions relatives à l'Algérie et aux colonies

Art. 164. — La présente loi est applicable aux communes de plein exercice de l'Algérie, sous réserve des dispositions actuellement en vigueur concernant la constitution de la propriété communale, les formes et conditions des acquisitions, échanges, aliénations et partages, et sous réserve des dispositions concernant la représentation des musulmans indigènes.

Par dérogation aux articles 5 et 6 de la présente loi, les érections de communes, les changements projetés à la circonscription territoriale des communes, quand ils devront avoir pour effet de modifier les limites d'un arrondissement, seront décidés par décret pris après avis du conseil général.

Par dérogation à l'article 74, les conseils municipaux peuvent allouer aux maires des indemnités de fonctions, sauf approbation du gouverneur général.

Art. 165. — La présente loi est également applicable aux colonies de la Martinique, de la Guadeloupe et de la Réunion, sous les réserves suivantes :

Un arrêté du gouverneur en conseil privé tiendra lieu du décret du Président de la République, dans les cas prévus aux articles 110, 145, 148 et 149.

Les attributions dévolues au ministre de l'intérieur par les articles 40, 69 et 120 ; au ministre des cultes par l'article 100, et au ministre des finances par l'article 156 de la présente loi, sont conférées au ministre de la marine et des colonies.

Les attributions conférées au ministre de l'intérieur et aux préfets par les articles 4, 13, 5, 36, 40, paragraphe 4 ; 46, paragraphe 2 ; 47, 48, 60, paragraphe 1 ; 65, 66, 67, 69, 70, 85, 95, paragraphes 2 et 4 ; 98, paragraphe 4 ; 100, 111, 112, 113, 114, 115, 116, 117, 118, 119, 124, 129, 130, 133, paragraphe 15 ; 140, 142, 145, paragraphe 1er; 146, 148, 149, 150, 151, 152, et 156, de la présente loi sont dévolues au gouverneur.

Les attributions dévolues aux préfets et aux sous-préfets par les articles 12, 29, 37, 38, 40, paragraphes 1, 2 et 3 ; 49, paragraphe 3 ; 52, 57, 60, paragraphe 2 ; 61, 62, 78, 88, 93, 95, paragraphes 1 et 3 ; 102, 103, 125, et 154 sont remplies par le directeur de l'intérieur.

Les attributions conférées aux conseils de préfecture par les articles 36, 37, 38, 39, 40 et 60 sont dévolues au conseil du contentieux administratif.

Les attributions dévolues aux conseils de préfecture par les articles 65, 66, 111, 121, 123, 125, 126, 127, 142, 154, 157 et 159 sont conférées au conseil privé.

Les attributions dévolues à la cour des comptes par les articles 157, paragraphe 2, et 159 sont conférées au conseil privé, sauf recours à la cour des comptes.

Les recours au conseil d'Etat formés par l'administration contre les décisions du conseil du contentieux administratif sont transmis par le gouverneur au ministre de la marine et des colonies, qui en saisit le conseil d'Etat.

Les dispositions du décret du 12 décembre 1882 sur le régime financier des colonies restent applicables à la comptabilité communale en tout ce qui n'est pas contraire à la présente loi.

Art. 166. — Les dispositions de la présente loi relatives aux octrois municipaux ne sont pas applicables à l'octroi de mer, qui reste assujetti aux règlements en vigueur en Algérie et dans les colonies.

TITRE VII

Dispositions générales

Art. 167. — Les conseils municipaux pourront prononcer la désaffectation totale ou partielle d'immeubles consacrés, en dehors des prescriptions de la loi organique des cultes du 18 germinal an X, et des dispositions relatives au culte israélite, soit aux cultes, soit à des services religieux ou à des établissements quelconques ecclésiastiques et civils.

Ces désaffectations seront prononcées dans la même forme que les affectations.

Art. 168. — Sont abrogés :

1º Le titre XI, article 3, de la loi des 16-24 août 1790 ;

2º Les articles 1, 2, 3 et 5 de la loi du 20 messidor an III ;

3º Les titres I, IV, et V de la loi du 10 vendémiaire an IV ;

4º La loi du 29 vendémiaire an V, la loi du 17 vendémiaire an X, l'arrêté du 21 frimaire an XII ;

5º Les articles 36, nᵒˢ 4, 39, 49, 92 à 103, du décret du 30 décembre 1809 ; la loi du 14 février 1810 ;

6º La loi du 18 juillet 1837 ;

7º L'ordonnance du 18 décembre 1838 ;

8º L'ordonnance du 15 juillet 1840 ;

9º L'ordonnance du 7 août 1842 ;

10º La loi du 19 juin 1851, à l'exception de l'article 5 ;

11º Le décret des 4-11 septembre 1851 ;

12º L'article 5, nᵒˢ 13 et 21, du décret du 25 mars 1852 ;

13º La loi du 5 mai 1855;

14º Le décret du 13 avril 1861, tableau A, nᵒˢ 42, 48, 50, 51, 56, 59 ;

15º La loi du 24 juillet 1867, à l'exception de la disposition de l'article 9 relative à l'établissement du tarif général et de l'article 17, lequel reste en vigueur provisoirement, mais seulement en ce qui concerne la ville de Paris ;

16º La loi du 22 juillet 1870 ;

17º Les articles 1, 2, 3, 4, 5, 6, 8, 9, 18, 19, 20 de la loi du 14 avril 1871, le paragraphe 25 de l'article 46 et le paragraphe 4 de l'article 48 de la loi du 10 août 1871 ;

18º La loi du 4 avril 1873 ;

19º La loi du 20 janvier 1874 ;

20º La loi du 12 août 1876 ;

21º La loi du 21 avril 1881 ;

22º La loi du 28 mars 1882.

Sont abrogés également pour les colonies, en ce qu'ils ont de contraire à la présente loi :

23º Le décret colonial du 12 juin 1827 (Martinique) ;

24º Le décret colonial du 20 septembre 1837 (Guadeloupe) ;

25° L'arrêté du 12 novembre 1848 (Réunion) ;

26° Le décret du 29 juin 1882 (Saint-Barthélemy) ;

27° L'article 116 du décret du 20 novembre 1882 sur le régime financier des colonies, pour les colonies soumises à la présente loi ;

28° Et, en outre, toutes dispositions contraires à la présente loi, sauf celles qui concernent la ville de Paris.

Dispositions transitoires

Les sectionnements votés par les conseils généraux, dans leur session du mois d'août 1883, recevront leur application dans toutes les communes qui en ont été l'objet à l'occasion des élections municipales du 4 mai 1884.

La présente loi, délibérée et adoptée par le Sénat et par la Chambre des députés, sera exécutée comme loi de l'Etat.

Fait à Paris, le 5 avril 1884.

JULES GRÉVY.

Par le Président de la République,

Le ministre de l'Intérieur,

WALDECK-ROUSSEAU

TABLE

ALPHABÉTIQUE RENVOYANT AUX ARTICLES DE LA LOI

CHATILLON-SUR-SEINE. — IMPRIMERIE ALFRED GISLAME

www.ingramcontent.com/pod-product-compliance
Lightning Source LLC
Chambersburg PA
CBHW070824210326
41520CB00011B/2098